JN094220

C言語は第二の母国語

～独学学生時代から企業内IT職人時代に培った、独立のための技術とノウハウ～

はじめに

　令和の時代に「C言語」なんて、古くて年寄りくさいし、案件もなさそうだし、今さら学んでも意味がない。
　そう考えている人も多いのではないでしょうか。

　たしかに、そう言いたい気持ちは、分からないでもないです。

　しかし、私は大学時代に「C言語」を学び、新卒で入社した企業ではずっと「C言語」を主体的に使ってきました。
　会社を退職して独立してからは、「C言語」の派生言語を開発で使っています。
　さすがに、直接的に「C言語」での開発はやらなくなりました。

＊

　本書は、私が独立起業してコロナ禍に入る前ごろから、月刊I/Oでちょくちょく書いてきたコラムがベースになっています。
　過去のコラムを読み返してみると、なんだかんだで、「C言語」から離れることはなかったと感じています。

　"オワコン"と言われている「C言語」をずっと使ってきましたが、幸いにも仕事や人間関係に恵まれて、満足感たっぷりの仕事と生活を送っています。
　「C言語」が本当にオワコンならば、とうの昔に私は路頭に迷っていることでしょう。

　自分の中に、確固たる軸があり、信念があれば、仕事にも人間関係にも、不満をもつことはなくなります。本書を読んで、「ああ、そんな人生もあるんだな」と感じてもらえたら嬉しいです。

平田　豊

CONTENTS

はじめに ……………………………………………………………………………… 3

第1章	C言語〜昔話から現代への物語

[1-1] C言語との出会い ……………………………………………………… 8
[1-2] ワークステーションでC言語を使う ……………………………… 12
[1-3] C言語の歴史 ………………………………………………………… 15
[1-4] ビルドエラーの謎 …………………………………………………… 19
[1-5] C言語のcharの秘密 ………………………………………………… 23
[1-6] 進化するprintfの書式指定 ……………………………………… 26
[1-7] C言語のC23での新機能 …………………………………………… 29
[1-8] パッケージ依存問題のヒミツを探る ……………………………… 37
[1-9] 「ccache」をWindowsでビルドしてみよう ……………………… 59

第2章	Linuxとプログラマー

[2-1] オープンソース・ソフトウェアの調べ方 ………………………… 68
[2-2] 「X Window System」のデバッグ方法 …………………………… 72
[2-3] Linuxカーネルを改修してみる …………………………………… 75
[2-4] テストデータの自動生成 …………………………………………… 79
[2-5] プログラマーの仕事はウォーリーを探せに似ている …………… 83

第3章	独立起業のためのツール

[3-1] "独立起業"で必要になるITツール ……………………………… 88
[3-2] noteで売上を上げるためのマル秘テクニック …………………… 92
[3-3] テキスト入力には「サクラエディタ」……………………………… 108
[3-4] Windows95が動く環境を構築した話 …………………………… 117
[3-5] 技術文書をアウトプットするということ ………………………… 120
[3-6] 韓国語を学んだ ……………………………………………………… 124

第4章	Windows版「xeyes」を作る

[4-1] 「xeyes」というアプリ ……………………………………………… 134
[4-2] ソースコードを調査 ………………………………………………… 138
[4-3] 実際に動かしてみよう ……………………………………………… 142
[4-4] 目玉がマウスポインタの方向を向く理由 ………………………… 147

索引 …………………………………………………………………………………… 155

第 **1** 章

C言語〜昔話から現代への物語

日本語と同じように使ってきた「C言語」は、著者にとっての「第2の母国語」とも言えるでしょう。

本章では、「C言語」の「昔」と「今」について、著者の経験を元に、お話していきます。

1-1　　　　　C言語との出会い

私が「C言語」というプログラミング言語を使うようになって、かれこれ25年以上になります。

大学一回生(1994年)のとき、情報処理技術者試験の第二種(いまの基本)の試験勉強をしたときに、C言語を初めて知りました。

ですが、参考書を読んだだけだったので、当然のようにチンプンカンプンでした。

*

さすがに自分でコードを書いてみないことにははじまらないので、大学二回生(1995年)になってから、独学でプログラミングを始めることにしました。

大学の授業でも予定されていましたが、三回生にならないと講義が用意されていなかったのです。それまで待ちきれなかったので、自分で学習を始めたというわけです。

*

大学時代はずっとC言語を使っていて、大学卒業後に電気メーカーに就職してからもずっとC言語を使っていました。

20年勤務した会社を退職して、独立起業してからもC言語は使い続けています。

私にとってC言語は、日本語と同等に使ってきているので、第2の母国語であると言えましょう。

*

本章では、C言語の昔と今について、私の経験を元にお話をしていきます。

C言語は高級言語

私が初めてパソコンを触ったのは高校一年のときでしたから、1991年のことです。ちょうど30年前です。

NECの「PC-98」というパソコンで、電源を入れると真っ黒の画面となり、いきなり「BASIC」でプログラミングできる状態になっていました。

言い換えると、プログラミングがまったくできないと、パソコンを使う意味がないのです。

　もっとも、ゲームソフトが入ったフロッピーディスクを装填した状態で、パソコンの電源を入れるとゲームが起動するようになっていたので、ゲームしかしない人には特に問題はありませんでした。

＊

　「BASIC」は、「Beginner's All-Purpose Symbolic Instruction Code」の略ですが、ベーシック（基礎）という言葉からも分かるように、初心者向けのプログラミング言語とされています。

　ソースコードを作ったら、すぐに実行して試すことができます。そう、私が使っていた「BASIC」は、「インタープリタ方式」だったのです。
　「インタープリタ方式」だと、手軽にプログラミングができてよいのですが、プログラムの実行が遅くなるという課題があります。

　そこで、BASICのプログラムの一部を「機械語」（アセンブリ言語）で記述するという手法が流行っていて、ゲームソフトのようなスピードが命の製品では、オールアセンブラで実装されていることも一般的でした。

　つまり、プログラミングを学ぼうとした場合、「BASIC」か「アセンブラ」しかないという、今ではちょっと考えられない状況でした。

　当時は、インターネットはまだ無かったので、プログラミングに関する教材は書店か図書館にしかなかったわけですが、「BASIC」や「アセンブラ」の解説書ばかりでした。

＊

　パソコンのOSとして、「MS-DOS」が主流となってきてからは、「これからはC言語だ」と盛んに言われるようになりました。

　当時、「C言語」は「高級言語」と呼ばれていて、「BASIC」よりも高度なプログラミングができて、「コンパイル方式」なのでプログラムの実行速度も速いという特徴があったのです。
　また、「C言語」は「構造化プログラミング」が可能なので、「BASIC」や「アセンブリ言語」よりも、プログラムが書きやすいというメリットもあります。

「BASIC」と「アセンブラ」くらいしかなかったところに、「C言語」が黒船と
してやってきたので、皆が飛び付き、当然、そこに私も含まれていました。

はじめてのC言語プログラミング

「C言語」でプログラミングをしたのは大学生のときでしたが、大学の演習室
にある「パソコン」や「ワークステーション」を使っていました。

パソコンには「MS-DOS」というOSが搭載されていて、C言語のコンパイラ
は「Turbo C」と「Quick C」が導入されていました。
「Turbo C」はBorlandの製品で、「Quick C」はMicrosoftの製品です。

現代では、Windowsで動くCコンパイラと言えば、一般的にはMicrosoft製
品やオープンソースの「gcc」などを指しますが、当時はBorlandのCコンパイ
ラも人気があったのです。

とは言うものの、MicrosoftはOSを作っている企業でもあるので、当時か
らMicrosoft製品のほうが強い傾向にありました。
そのためか、Borland製品のほうが価格が安く設定されていて、お金がない
学生には有り難い存在でした。

＊

MS-DOSはWindowsと違ってCUIベースのOSなので、コマンドライン操
作が主体となります。
しかし、「Turbo C」や「Quick C」は、CUIを駆使したGUI操作が可能でした。
マウスも使えます。

当時としては、画期的なインターフェイスだったと思います。

＊

ディスプレイの解像度が低く、テキストで横80文字、縦25文字しかありま
せんでしたが、画面上でソースコードを記述して、ファンクション・キーを押
すことで「コンパイル」と「実行」ができたので、作業効率が良かったです。

MS-DOSはWindowsではないので、ディスプレイには1つの画面しか出す
ことができませんでした。

*

　当時のパソコンはCPUのクロック周波数が12MHz前後であり、現代では数GHzであることを考えると、信じられないほどCPUが遅かったのですが、「Turbo C」や「Quick C」では、コンパイル時間が数秒と短かったのです。

　プログラミングを学び始めたころは、とにかくトライ＆エラーの繰り返しです。ソースコードを書いては、コンパイルエラーを取り除き、プログラムを実行してうまく動かなければ、またソースコードを手直しする…。こうした作業の繰り返しです。

　プログラミングのスキルが上がっていくと、エラーの原因が瞬時に分かるようになってくるので、作業効率も桁違いですが、経験が浅いうちはどうしても原因究明に時間がかかってしまいます。

人生初の読者投稿

　大学生のときに、MS-DOSで動くC言語のプログラムを作って、当時工学社から発行されていたI/O別冊「Computer fan」に投稿したところ、誌面に掲載されたことがありました。

　学びの成果を、こうした目に見える形でアウトプットできたことは、自分にとっても自信につながりました。

図1-1-1　I/O別冊「Computer fan SPECIAL3」

1-2　　ワークステーションでC言語を使う

　大学時代はパソコン(MS-DOS)だけではなく、ワークステーションも演習で使っていました。ワークステーションには、「UNIX OS」が搭載されていましたが、今どきの若者にはワークステーションについて話をしても、通じないかもしれません。

＊

　ワークステーションはマルチウィンドウシステムであり、今で言うWindowsのような使い方ができます。当時はまだWindows95が登場する前でした。

　エディタは「emacs」を使っていました。演習で先生が「emacs」の使い方を教えていたからです。

　そもそも、UNIXというOSを使ったのも初めてだったわけですが、エディタが「vi」や「emacs」といった、ハードルが高いツールしかないのが驚きでした。

　それまでパソコンしか使ったことがなかったので、ちょっとした文章を書くだけでも大変です。

　なかなか「emacas」に慣れないので、マウスも使っていましたが、マウスを使うのは邪道だとよく言われていました。しかし、私にとってはキーボードだけだと作業効率がよくなかったので、仕方のないことではあります。

＊

　「emacs」を使ってC言語のプログラムを書きます。

　プログラムをコンパイルするには、コマンドラインから「cc」というコマンドを使います。パソコン(MS-DOS)ではコマンドラインから操作するということがなかったので、慣れるまで時間がかかりました。

　しかし、慣れてくると「UNIX OS」のほうが使いやすいことに気付きます。

　マルチウィンドウなので、ソースコードを見ながら、「コンパイルエラー」や「実行エラー」を解析することができるからです。

　ワークステーションで作ったC言語プログラムは、コマンドラインから実行するので、そのまま端末上で動くものとなります。

　そのため、ユーザーがキー入力するか、printfを使って文字を表示するかぐらいしかできなかったので、プログラミングとしては退屈でした。

　MS-DOSプログラミングでは、グラフィックスを表示することが、比較的容易にできたので、見た目にもインパクトのあるプログラムが作れたのです。

　もちろん、ワークステーションでもGUIを駆使した見た目にかっこいいプログラムを作ることはできます。ただし、そのためには「Xプログラミング」を覚える必要がありました。Xは「X Window System」の意味です。

　しかし、このXプログラミングが難解で、当時の私にはさっぱり理解できませんでした。
　当時はまだインターネット環境はあったものの、ネットに情報はありませんでした。雑誌と書籍だけが唯一の情報元となるのですが、書店にいってもXプログラミングに関する本が見つかりませんでした。

　今なら、最寄りの書店になくとも、ネットで探すことができますが、当時は、大学や自宅から出向くことができる書店がすべてという時代でした。

＊

　あれから20年以上が過ぎました。いまなら、ネットや書籍に情報が豊富にありますし、プログラミングのスキルも学生時代より向上しているため、Xプログラミングを嗜むことができます。しかし、悲しいことに、今Xでプログラミングできても意味がないのです。

C言語の学習方法

　プログラミングの学習方法は人それぞれでいろいろありますが、私の場合は独学ベースです。
　当時はインターネットがまだ普及する前だったので、雑誌と本だけが頼りです。オープンソースの文化もまだ浸透していなかったですし。

　プログラミング言語を覚えるためには、言語仕様を参照することになりますが、C言語の仕様書は有料です。

　実は、学生時代は「C言語の仕様書を読む」という発想がなかったので、仕様書を読むということが学習の材料として入っていませんでした。

　C言語の仕様書は、日本規格協会のサイトから購入することができます。

図1-2-1　日本規格協会のサイト https://www.jsa.or.jp/

　「JISX3010」で検索すると、「JIS X 3010:2003 プログラム言語C」というページが出てきます。定価は12,000円（税抜）です。個人で買うには、ちょっと高いですね。

　社会人になってから、会社が購入した規格書が社内で読み放題だったので、そのときに初めて仕様書を読みました。

図1-2-2　日本産業標準調査会（JISC）　https://www.jisc.go.jp/index.html

　日本産業標準調査会(JISC)では、印刷はできませんが閲覧だけなら無料でできます。

　しかしながら、C言語の仕様書はお世辞にも読みやすいとは言えないので、予備知識もなしに読もうとしてもよく分からないと思います。

　最初は入門書を何冊か読んで、C言語の基礎を学ぶ必要があります。いまならネットにも情報がたくさんあるので、昔と比べると独学をしやすい状況になっています。

　文法を一通り学んだら、次は実際に動いているプログラムのソースコードを読みます。

　正直言って、過去に自分が書いたコードや赤の他人が書いたコードは読めたものではないのですが、開発の現場では他人の作ったソースコードをベースとするので、嫌でも読めるようにならないといけないのです。

　「C言語の学習」と言うよりかは、「他人が作ったプログラムを読解できるようになるスキル」を習得するのが目的となります。

1-3　C言語の歴史

　C言語が誕生したのは1972年で、約50年前です。私が生まれる前なので、歴史が古いことが分かります。

＊

　一般的に、プログラミング言語は仕様ありきですが、C言語の場合、仕様が規定されたのは1989年になってからです。

　それまで、C言語を使ってコーディングをする人は何を参考にしたかというと、「The C Programming Language」という本です。

　この本は、C言語を作った人たち(カーニハンとリッチー)によって執筆されたので、略して「K&Rの本」とも呼ばれています。

　C言語の仕様が規格化されるまで、この本を読んでプログラミングがなされていたので、このときに作られたプログラムのことを「K&R C」によるコーディングと言います。

　換言すると、「K&R C」は仕様書がないので、本に書いてあることが仕様になります。

＊

　本は第2版の改訂で、仕様に準拠するようになりました。

　日本では「プログラミング言語C」(共立出版)という名前で、本が出版されています。

図1-3-1　プログラミング言語C 第2版

C言語の規格

　1989年に規格化されたC言語のことを、「C89」もしくは「C90」と呼び、どちらも仕様としては同じです。

　「C89」はANSIが策定して、「C90」はISOが策定したので、名称が変わっているだけです。それまでの「K&R C」との対比で、「ANSI C」とも呼ばれます。

　それから10年後に、「C99」という規格が出来ました。1999年に策定されたので、「C99」という名称になっています。

　C言語を扱う開発の現場では、「C89」が主体で、「C99」も使えるところもそれなりにある、といった感じです。いまだに「C89しか使えない」という現場も

あるので驚きです。

世の中にあるコンパイラは、たいてい「C89」と「C99」に対応しています。

2011年に「C11」という規格が出来ました。今からもう10年前の規格ではあるのですが、「C11」に対応したコンパイラはさほど多くはないです。サポートを謳っていたとしても、「C11」の全機能に対応していない場合もあります。

「gcc」は、「C11」に早期から対応をしていますが、仕様のすべてを満たしているわけではありません。

「Visual C++」は2020年末にようやくサポートされましたが、「gcc」と同様、仕様のすべてを満たしているわけではないです。

2018年に「C17」という規格が出来ましたが、仕様の内容としては「C11」と同じなので、「C11」と「C17」は同一であると考えればよいです。

開発の現場で、「C11/C17」を使えるところは限定されるのではないでしょうか。それどころか、「C11/C17」の存在を知らないエンジニアも多いと思います。

私も、つい最近まで詳細を知りませんでした。そもそも、仕事で使う機会もないので、特に知る必要もなかったから、というのが理由です。

「C99」と「C11」の仕様書

C言語の仕様書は有料で販売されており、日本語版は「C99」までとなっています。

「C99」と「C11」に関しては英語ではありますが、PDFファイルが無償でダウンロードできるようになっています。位置付けとしてはドラフトなのですが、内容としては同じです。

《C99》

http://www.open-std.org/jtc1/sc22/wg14/www/docs/n1256.pdf

《C11》

http://www.open-std.org/jtc1/sc22/wg14/www/docs/n1570.pdf

はじめてのC言語プログラム

「The C Programming Language」(プログラミング言語C)の本で、最初に登場するサンプル・プログラムが、以下になります。

リスト　hello.c

```
main()
{
    printf("hello, world¥n");
}
```

プログラムをコンパイルして実行すると、端末に「hello, world」と表示されて、改行が1つ入ります。

私はずっと末尾にピリオドが付いていたのかと思っていたのですが、改めて確認すると、ピリオドはありませんでした。記憶違い。

「gcc(11.2.0)」では多くの警告が出ながらも、実行プログラムを作ることができます。

```
# cc hello.c
hello.c:1:1: warning: return type defaults to 'int'
[-Wimplicit-int]
    1 | main()
      | ^~~~
hello.c: In function 'main':
hello.c:3:5: warning: implicit declaration of function
'printf' [-Wimplicit-function-declaration]
    3 |     printf("hello, world¥n");
      |     ^~~~~~
# ./a.out
hello, world
```

「VC++(16.11.5)」ではコンパイルエラーになりました。

```
c:¥> cl /nologo hello.c
hello.c
hello.obj : error LNK2019: 未解決の外部シンボル _printf が関数
_main で参照されました
hello.exe : fatal error LNK1120: 1 件の未解決の外部参照
```

1-4　　　　　ビルドエラーの謎

「The C Programming Language」(プログラミング言語C)の本で、最初に登場するサンプル・プログラムは、「hello, world」を表示するだけのプログラムです。

このことがきっかけで、C言語に限らず、初めてプログラミング言語を学ぶときは、最初に「hello, worldを表示する」プログラムを作るのが、慣習になりました。

リスト　hello.c

```
main()
{
    printf("hello, world¥n");
}
```

しかし、上記のプログラムは「gcc」ではビルドできるものの、「VC++」ではビルドができません。

実は、前述の本の第2版では、以下のようにプログラムが一部変更になっているのです。

リスト　hello2.c

```
#include <stdio.h>

main()
{
    printf("hello, world¥n");
}
```

修正版のプログラムでは、「VC++」でビルドが通るようになります。

```
c:¥>cl /nologo hello2.c
hello2.c
c:¥>hello2
hello, world
```

includeヘッダの役割

　2つめのプログラムでは、「#include <stdio.h>」という一行が追加となっていますが、これの意味としては、「stdio.h」というファイルをその位置に展開する、という説明になります。

　「stdio.h」のように拡張子が「.h」のファイルのことを、「インクルードヘッダ」と呼びます。

　ファイルの実体としてはテキストファイルであり、プログラムのソースコードの一部になります。

　「#include」のように、シャープで始まる記述のことを「プリプロセッサ命令」(Preprocessing directive)と呼びます。
　コンパイラの役割は、ソースコードを機械語に変換することですが、「プリプロセッサ命令」を使うことで、「ソースコードそのものを変更する」という意味合いになります。

　以下に例を示します。

リスト　main.c

```
#include <stdio.h>

main()
{
    int n = 0;

    #include "fake.c"

    printf("%d\n", n);
}
```

「#include」で「fake.c」を指定しています。

リスト　fake.c

```
n++;
```

「#include」で指定するファイルは、拡張子「.h」でなくても可です。
このプログラムは、下記と同等の意味をもちます。

```
#include <stdio.h>

main()
{
    int n = 0;

    n++;

    printf("%d\n", n);
}
```

「Visual C++」での確認

それでは、「stdio.h」はいったいどこから取得しているのでしょうか。

「VC++」のコマンドラインオプションで、「/showIncludes」を付けると、ヘッ
ダファイルのフルパスが分かります。

オプションは大文字・小文字を区別するので、「showincludes」のように小
文字のアイだとエラーになります。

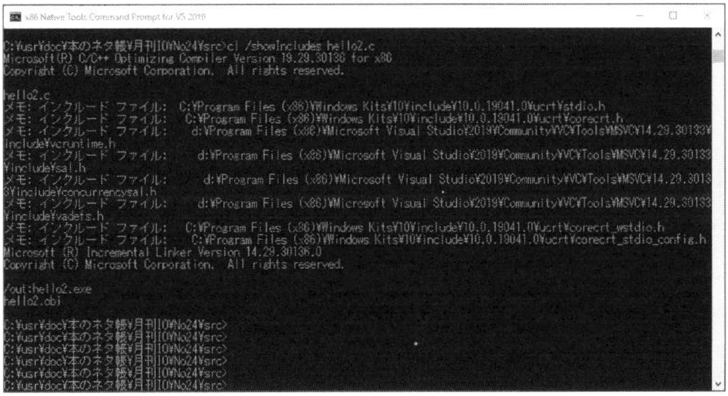

図1-4-1　VC++のヘッダファイルの調べ方

```
c:\>cl /showIncludes hello2.c
hello2.c
メモ: インクルード ファイル:  C:\Program Files (x86)\Windows Ki
ts\10\include\10.0.19041.0\ucrt\stdio.h
...
```

C:\Program Files (x86)\Windows Kits\10\include\10.0.19041.0\ucrt\stdio.h
であることが分かりました。

「stdio.h」のようなファイルのことを、「標準ヘッダファイル」と呼び、コン
パイラのインストールと同時に同梱されます。

「#include <...>」という書き方をすると、標準ヘッダファイルとしてみなされ、
コンパイラに同梱されているヘッダファイルが読み込まれることになります。

ヘッダファイルは自作することもできます。
ヘッダファイルをincludeする場合、標準ヘッダファイルではないことを明
確にするため、
```
    #include "my_sample.h"
```
のように「#include "..."」という書き方をします。

1-5   C言語の「char」の秘密

この節では、「C言語」のプログラミングをはじめてすぐに出てくる、データ型の「char」ついてお話します。

C言語の「char」

C言語のデータ型の1つとして、「char」があります。
「char」は、1バイトの表現ができます。

「character」の略なので、発音としては「キャラ」や「チャー」などと呼ばれますが、私は「キャラ」と呼んでいます。

> (※一般的には、「チャー」と呼ばれることが多いようです)。

「char」の大きさは1バイトです。
1バイトが9ビット (Honeywell 6000) というアーキテクチャも存在するようですが、一般的には8ビットになります。

「char」は文字を格納できる大きさであると、「C11/C17」の仕様に書いてあります。

> An object declared as type char is large enough to store any member of the basicexecution character set.
> ※ [ISO/IEC 9899:201x 6.2.5 Types] より引用

Linuxの「man ascii」でアスキーコードの一覧を見ることができますが、アスキーコードは7〜8ビットで表現されるので、ちょうど「char」に収まるということです。

つまり、「char」は文字を格納するためのデータ型であるといえそうですが、日本語の「Shift_JIS」は1文字が2バイトありますし、「UTF-8」になると3バイト以上になるので、「char」では不足することになります。

「char」は「文字型」と言うより、「1バイトの大きさの整数型」です。

「char」の落とし穴

「char」は「short」や「int」と違って、「符号付き」か、「符号なし」かが仕様としては決まっていません。

つまり、「char」の取り得る範囲が「-128〜127」なのか、「0〜255」なのかは、コンパイラによって変わるのです。

「char」に関しては、明示的に「singed」や「unsigned」を付与する必要があります。

リスト　char.c

```
#include <stdio.h>

int main()
{
    char c;

    c = -1;
    printf("%s¥n", (c < 0) ? "negative" : "0 or greater");
}
```

このプログラムを「x86_64」の「gcc」でコンパイルして実行すると、「char」は「符号付き」として扱われます。

```
# cc char.c
# ./a.out
negative
```

「ARM」(aarch64)の「gcc」では、「char」は「符号なし」となります。

```
# aarch64-buildroot-linux-uclibc-gcc char.c -o char
# ./char
0 or greater
```

「char」の仕様を確認する

「C11/C17」の仕様では、「CHAR_MIN」と「SCHAR_MIN」のマクロ定義、「CHAR_MAX」と「SCHAR_MAX」のマクロ定義の値が同じ場合、「char」は「符号付き」になると書いてあります。

> If the value of an object of type char is treated as a signed integer when used in an expression, the value of CHAR_MIN shall be the same as that of SCHAR_MIN and the value of CHAR_MAX shall be the same as that of SCHAR_MAX.
>
> ※ [ISO/IEC 9899:201x 5.2.4.2.1 Sizes of integer types <limits.h>]より引用

「CHAR_MIN」と「CHAR_MAX」の定義は、以下のようになっており、「__CHAR_UNSIGNED__」が定義されているかどうかで、決まることが分かります。

リスト　/usr/include/limits.h

```
#  ifdef __CHAR_UNSIGNED__
#   define CHAR_MIN 0
#   define CHAR_MAX UCHAR_MAX
#  else
#   define CHAR_MIN SCHAR_MIN
#   define CHAR_MAX SCHAR_MAX
#  endif
```

「gcc」の定義ずみマクロは、以下のようにして調べることができます。

```
# gcc -dM -E - < /dev/null | grep __CHAR_UNSIGNED__
# aarch64-buildroot-linux-uclibc-gcc -dM -E - < /dev/null |
grep __CHAR_UNSIGNED__
#define __CHAR_UNSIGNED__ 1
```

実質、charは1バイトしか格納できないで、あまり使いどころはありません。バッファを確保するときに、以下のように定義することが多いです。

```
char buf[256];
```

関数の名称から返り値を誤解しやすいものがあります。

```
int getchar(void);
```

getchar関数は標準入力から文字を受け取る関数ですが、返り値はcharではなくintになります。

関数名に「char」が含まれているため、返り値もchar型であると思い込む人が多いようです。私も昔はそう勘違いしていた時期もありました。

charに関しては、手前味噌ではありますが、工学社から発売中の「Linuxデバイスドライバの開発」という本の、**第2章**(p.72)で紹介しています。興味ある方は、ぜひ読んでみてください。

1-6　進化する「printf」の書式指定

ここでは、C言語ではお馴染みの「printf関数」の、書式指定に関するお話です。

「printf」の書式指定

「C言語」は古くからあるプログラミング言語で、今さら感もありますが、ここで今一度復習しておきます。

*

「C言語」では、「printf関数」を使うことで、端末にメッセージを出力できます。

リスト　printf.c

```c
#include <stdio.h>

int main(void)
{
    int n = -1;
    unsigned int un = 10;
    char *s = "I/O";

    printf("%s %d %u %x¥n", s, n, un, n);

    return 0;
}
```

　上記の「サンプル・プログラム」を「コンパイル」して、「実行」すると、以下の結果となります。

```
# cc printf.c
# ./a.out
I/O -1 10 ffffffff
```

　「printf関数」の二重引用符の中にある「%s」や「%d」などのことを、「書式指定」と言います。
　「変数」を、どのような形式で表示するかを決める指示のことです。

「u-boot」の「printf」

　「組み込みLinux」では、「u-boot」(ユーブート)という「ブート・ローダー」がよく使われます。

①「さまざまな案件で採用されているので実績がある」こと、②「C言語で実装されているためカスタマイズもやりやすい」というのが、人気の理由です。

《u-bootの公式サイト》

http://www.denx.de/wiki/U-Boot/WebHome

　正式な名称は、「Das U-Boot」と言い、「the Universal Boot Loader」の略です。「Das U-Boot」は、ドイツ語で「潜水艦」の意味であり、「das」というのは定冠詞です。
　英語では、定冠詞は「the」しかありませんが、ドイツ語ではなんと3種類もあるのです。大学時代に初めてドイツ語を履修したときは、大変驚きました。

＊

　ドイツ語では、名詞に性別をもたせていて「男性」「女性」「中性」に分類しています。そのため、定冠詞も3つに分かれており、「男性名詞」なら「der」、「女性名詞」なら「die」、「中性名詞」なら「das」となるわけです。

　「u-boot」は中性名詞なので、定冠詞が「das」となるのです。

＊

　「u-boot」は、「ブート・ローダー」なので、起動すると何らかのメッセージを

出力します。

　組み込み機器のデバッグを行なう際には、「シリアル・コンソール」を使うので、メッセージの出力先は「シリアル端末」(RS-232C)となります。
　メッセージを出力するには、「printf」という関数を使います。
　「printf」は、「C言語」の標準関数なので、「u-boot」でもそのまま使えます。

＊

　「u-boot(バージョン2021.01)」の「printf」の関数プロトタイプを以下に示します。

リスト　include/stdio.h

```
int __printf(1, 2) printf(const char *fmt, ...);
```

　「__printf(1, 2)」という見慣れないキーワードが付いていますが、実体はマクロになっています。

リスト　include/linux/compiler_attributes.h

```
#define __printf(a, b)                          __attribute__((__
format__(printf, a, b)))
```

　これは、コンパイラ(gcc)の拡張機能の1つで、「アトリビュート指定」と言います。

　「可変長引数」をサポートする関数を独自に実装する場合、このような「アトリビュート指定」を付けることで、コンパイル時に「関数の書式指定」と「引数の型」が合致しているかをチェックしてくれるようになるのです。

＊

　通常、「C言語」のコンパイラでは、『「可変長引数」を使った場合には、コンパイル時に型がチェックされない』という仕様になっています。
　そのため、「書式指定」や「引数の使い方」を間違っていた場合に、コンパイル時に見つけることができない、という欠点がありました。

　もちろん、プログラムの間違いはプログラマーが目視確認して正しいかを判断する(「机上チェック」と言う)ことも必要なのですが、人の目で間違いを見

つけることには限界があります。

　機械が摘出できる誤りは、なるべく機械に見付けてもらうのがよいのです。

　「__printf(1, 2)」の「1」は、「string-index」と言い、書式指定を記述する二重引用符の中のことを意味します。

　「2」は、「first-to-check」と言い、関数の引数の指定が始まるところを意味します。

＊

　先日、「u-boot」の「printf」の実装を読んでいたら、書式指定がいろいろ拡張されていることに気付きました。

1-7　C言語の「C23」での新機能

　今のC言語の最新規格は「C17」ですが、内容としては「C11」と同じなので、2011年の改版が最新であるということになります。次世代の仕様は「C23」と呼ばれていて、2023年に登場予定となっています。

　「C23」のドラフト版仕様は、下記サイトから入手できます。

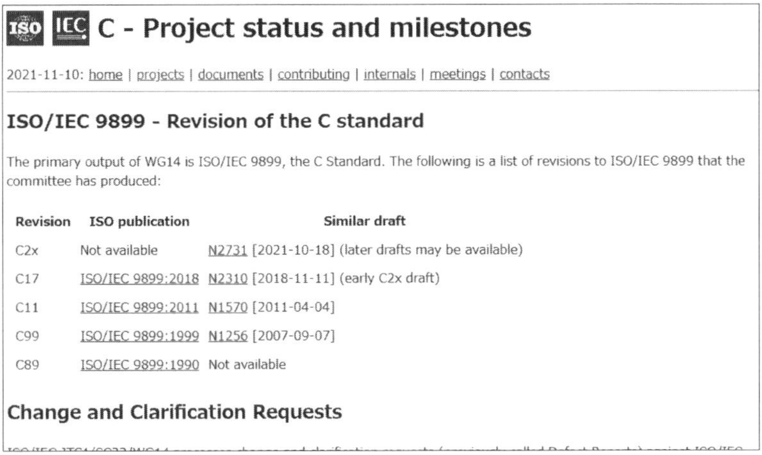

ISO IEC C - Project status and milestones

2021-11-10: home | projects | documents | contributing | internals | meetings | contacts

ISO/IEC 9899 - Revision of the C standard

The primary output of WG14 is ISO/IEC 9899, the C Standard. The following is a list of revisions to ISO/IEC 9899 that the committee has produced:

Revision	ISO publication	Similar draft
C2x	Not available	N2731 [2021-10-18] (later drafts may be available)
C17	ISO/IEC 9899:2018	N2310 [2018-11-11] (early C2x draft)
C11	ISO/IEC 9899:2011	N1570 [2011-04-04]
C99	ISO/IEC 9899:1999	N1256 [2007-09-07]
C89	ISO/IEC 9899:1990	Not available

Change and Clarification Requests

図1-7-1　「C23」のドラフト版仕様
http://www.open-std.org/jtc1/sc22/wg14/www/projects

　Revisionが「C2x」となっているのが「C23」のことで、原稿執筆時点では「N2731(2021/10/18)」が最新のファイルです。

＊

　本節では、「C23」でどんな機能が追加される予定なのか、紹介します。

memccpy関数

　「memcpy関数」ではなく、「memccpy関数」です。「C23」で新しく追加される予定です。

　関数の書式は以下のとおりです。

```
#include <string.h>
void *memccpy(void * restrict s1, const void * restrict s2,
int c, size_t n);
```

　memccpy関数は、「gcc」や「VC++」ではすでにサポートされており、それがC言語の仕様として取り込まれる形となります。

　恥ずかしながら、私はこの関数の存在を今まで知りませんでした。

　memcpy関数は嫌というほど使っているのですが、まだまだC言語の知らないことがあります。

　関数の動きとしては、

・s2からs1にコピーしていき、s2で最初に登場した文字cをコピーしたあと、コピーを停止する。
・ひとつも文字cが登場しない場合、n文字コピーしたら、コピーを停止する。

となります。

　サンプルコードを以下に示します。実行結果として「55_kuma」が端末に表示されます。

リスト　memccpy.c

```
#include <stdio.h>
#include <string.h>

int main()
```

```
{
    char dst[16];
    char *p;

    p = memccpy(dst, "55_kumamon", 'a', sizeof(dst));
    if (p)
        *p = 0;
    printf("%s¥n", dst);
}
```

localtime_r関数

localtime関数は、「C89」のときから存在しますが、localtime_r関数が「C23」で追加されます。

「r」はリエントラント(reentrant)の意味です。実に25年ぶりの機能追加です。

もっとも、localtime_r関数は、早い時期からコンパイラが独自に対応していたので、使ったことがある人も多いと思います。

```
#include <time.h>
struct tm *localtime(const time_t *timer);
struct tm *localtime_r(const time_t *timer, struct tm
*buf);
```

いずれの関数も「time_t」のポインタ変数を受け取り、tm構造体に変換をするというものです。

関数の仕様としては、動作は同じなのですが、関数の内部の動きが違うのです。

localtime関数では、変換結果を内部でstaticな配列に保持します。

staticな配列は共有されることになるので、関数を連続して呼び出したときや、マルチスレッドで使うと期待外の動作をすることがあります。

localtime_r関数では内部に情報を保持しないようにして、関数の呼び出し側から渡したバッファに情報を格納するようにすることで、課題解決をしています。

リスト　localtime.c

```c
#include <stdio.h>
#include <time.h>

void sub()
{
    time_t now;
    struct tm *tm, *tm2;

    time( &now );
    tm = localtime( &now );

    now += (24*60*60);
    tm2 = localtime( &now );

    // tm と tm2 はポインタが同じ
    printf("%s¥n", __func__);
    printf("%p %s", tm, asctime(tm));
    printf("%p %s", tm2, asctime(tm2));
}

void sub2()
{
    time_t now;
    struct tm *tm, *tm2;
    struct tm buf, buf2;

    time( &now );
    tm = localtime_r( &now, &buf );

    now += (24*60*60);
    tm2 = localtime_r( &now, &buf2 );

    // tm と tm2 はポインタが異なる
    printf("%s¥n", __func__);
    printf("%p %s", tm, asctime(tm));
    printf("%p %s", tm2, asctime(tm2));
}

int main()
```

```
{
    sub();
    sub2();
}
```

K&Rスタイル

ANSI C(C89)が登場する前は、「プログラミング言語C」という本に紹介されていた「K&Rスタイル」というコーディング記法が主流でした。

以下に示すように、関数を定義する際、引数の型と名前を分けて書いていました。

```
extern int max(a, b)
int a, b;
{
    return a > b ? a : b;
}
```

「K&R C」から「ANSI C」になってからは、以下に示す書き方が推奨されるようになりました。

```
extern int max(int a, int b)
{
    return a > b ? a : b;
}
```

古いソフトウェアでは、「K&Rスタイル」で書かれたコードが残っているものもあるため、「VC++」や「gcc」などのコンパイラでは、今でもコンパイルをすることができます。

新しくコードを書くときは、さすがに「K&Rスタイル」を使って記述する人はさすがにいないと思いますし、コードレビューのときに書き直しが要求されるはずです。

しかし、私は長らく思い違いをしていたのですが、C言語の仕様として「K&Rスタイル」による関数定義が認められています。

　「C11」の仕様書(http://www.open-std.org/jtc1/sc22/wg14/www/docs/n1570.pdf)で、「6.9.1 Function definitions」には下記のように定義されています。

リスト　6.9.1 Function definitions

```
function-definition:
    declaration-specifiers declarator declaration-list(opt)
compound-statement

declaration-list:
    declaration
    declaration-list declaration
```

　このうち「declaration-list」というのが、「K&Rスタイル」の関数定義のことを表わします。

　「opt」とあるのは、「Optional」の略で、コンパイラのサポートは必須ではないという意味です。
　よって、「K&Rスタイル」の関数定義をサポートしないコンパイラもあるそうです。

　「C23の仕様書」(http://www.open-std.org/jtc1/sc22/wg14/www/docs/n2731.pdf)をみると、改版履歴(Chagen History)に下記の一文があります。

《M.1 Fifth Edition》

support for function definitions with identifier lists has been removed
(識別子リストによる関数定義は削除されました)

　つまり、「C23」でようやく「K&Rスタイルの関数定義」がなくなることになります。「C89」が登場してから34年間ですから、なんとも息の長い話ですね。

属性

「C23」では、[[と]]で囲む属性という機能がサポートされます。

これは「C++」ではすでにサポートされている機能で、「C言語」にも仕様として取り込まれることになります。

現時点でサポートされる属性は4つで、「deprecated」「fallthrough」「maybe_unused, nodiscardになります。

今回は、この中の「fallthrough」について紹介します。

たとえば、以下に示すswitch文ではcaseにbreakを書いていません。これをfallthrough(すり抜けて落ちる)といいます。

リスト　fallth.c

```c
#include <stdio.h>

int main()
{
    int reiwa = 1;

    switch (reiwa) {
        case 1:
        case 2:
            puts("1, 2");
        case 3:
            puts("3");
        default:
            break;
    }
}
```

switch文のfallthroughは、意図的に使う場合は問題ないのですが、プログラマーがbreakを書き忘れていることがあります。

そうすると、不具合になります。

そのため、コンパイラが「fallthrough」に対して警告を出すことがあります。

意図的なのであれば、属性を付けておくことで、警告を抑止することができるというわけです。

リスト　fallth_c23.c

```c
#include <stdio.h>

int main()
{
    int reiwa = 1;

    switch (reiwa) {
        case 1:
        case 2:
            puts("1, 2");
            [[fallthrough]];
        case 3:
            puts("3");
        default:
            break;
    }
}
```

1-8　パッケージ依存問題のヒミツを探る

　先日、「VM」(Virtual Box)に「Ubuntu 20.04.3」をインストールしてみました。

　「Ubuntu」でコマンドライン操作をするために、Windowsのターミナルソフトから SSH接続をしてから行ないたいので、私は最初にSSHサーバを導入するようにしています。

　「Ubuntu」ではaptコマンドを使うと、簡単にパッケージ管理ができます。root 権限で「sudo apt install openssh-server」とすると、OpenSSHサーバを導入できます。しかし、今回以下のようなエラーに遭遇してしまい、導入ができませんでした。

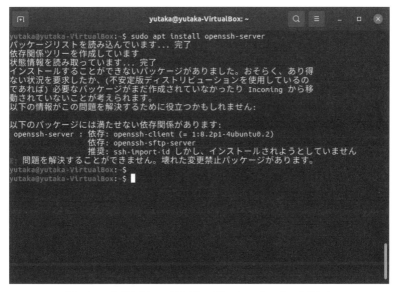

図1-8-1　なぜか「OpenSSHサーバ」のインストールに失敗した

　実を言うと、以前から「Ubuntu」で、「壊れた変更禁止パッケージがある」というエラーはときどき見かけていたのですが、よく分からないこともあって、あまり深追いをしていませんでした。

　そこで今回、重い腰を上げて、原因を調べてみることにしました。

＊

　ところで、エラーメッセージが日本語で表示されていますが、原文（英語）で表示するには、先頭に「LANG=C」を付与すればよいです。

図1-8-2　エラーメッセージを英語表記にする

　「満たせない依存関係」は「unmet dependencies」、「壊れた変更禁止パッケージ」は「broken packages」に該当することが分かります。

　インターネットで検索する場合、日本語よりも英語のキーワードのほうがヒット率は高いです。私はいつも英語で検索するようにしています。

エラーの原因はパッケージの依存関係

　前述のaptコマンドのエラーは、パッケージの依存関係に問題があることが原因です。エラーメッセージは、まさにそのことを示しています。

　そもそも、パッケージの依存に問題があるとは、どういう意味なのでしょうか。
　基本的なことではありますが、まずはここから抑えていくことにします。

動的ライブラリ

　Linuxの上で動作し、ユーザーが直接扱うプログラムのことを、「ユーザー
プロセス」「アプリケーション」「アプリ」などと呼びます。
　本書では、アプリと呼ぶことにします。
　アプリの作り方はいろいろな方法がありますが、通常は「ライブラリ」と呼ば
れるモジュールと組み合わせます。

　アプリを作る際に、モジュールを一切使わないこともできます。
　ここで以下のサンプル・プログラムで確認してみることにします。

リスト　sample.c

```
#include <stdio.h>

int main()
{
    return 10;
}
```

　これはC言語のプログラムで、main関数でreturnを10という値を返して
いるだけです。

　プログラムを実行しても、端末には何も表示されませんが、終了ステータス
($?)には10が格納されます。

```
# cc sample.c
# ./a.out
echo $?
10
```

　つまり、このプログラムは「何もしない」というわけではなく、終了ステータ
スに10をセットするという動きをするというものです。

　このように、このプログラムでは何か処理をしているわけでもないのですが、
実行プログラムとしてはライブラリを利用しています。そのことがlddコマン
ドで分かります。

```
# ldd ./a.out
        linux-vdso.so.1 (0x00007ffe811cb000)
        libc.so.6 => /lib/x86_64-linux-gnu/libc.so.6
(0x00007fccc55e7000)
        /lib64/ld-linux-x86-64.so.2 (0x00007fccc57f1000)
```

ldd コマンドの代わりに「LD_TRACE_LOADED_OBJECTS=1」を事前にセットすることでも、同様の結果が得られます。

この方法は、ldd コマンドが存在しない場合に役立ちます。

```
# LD_TRACE_LOADED_OBJECTS=1 ./a.out
```

このことから、上記のプログラム (a.out) を起動するには、「linux-vdso.so.1」「libc.so.6」「/lib64/ld-linux-x86-64.so.2」の3つのライブラリが必要です。これらのライブラリのことを「動的ライブラリ」と呼びます。

アプリがライブラリを利用していて、ldd コマンドで出てこない場合は、そのライブラリが「静的ライブラリ」であります。

動的ライブラリを一切使わない

前述したサンプル・プログラムを、以下に再掲します。

リスト　sample.c

```c
#include <stdio.h>

int main()
{
    return 10;
}
```

コンパイラでそのままコンパイルすると、複数の「動的ライブラリ」が利用されますが、「-static」というオプションを付けると、一切、「動的ライブラリ」を利用しないようにできます。

ライブラリをすべて静的リンクにする形となるため、実行プログラム「a.

out」のバイナリサイズは増えます。

「lddコマンド」でみると、「動的ライブラリ」は1つも出てきません。

```
# cc sample.c
# ls -lh ./a.out
-rwxrwxr-x 1 yutaka yutaka 17K  1月 10 20:13 ./a.out*
# cc -static sample.c
# ls -lh ./a.out
-rwxrwxr-x 1 yutaka yutaka 852K  1月 10 20:13 ./a.out*
# ldd ./a.out
        動的実行ファイルではありません
# LANG=C ldd ./a.out
        not a dynamic executable
```

動的ライブラリを1つも利用していないアプリは、そのアプリ単独で動作が可能なので、「パッケージ依存問題」は起こり得ないと言えます。

そもそも「パッケージ依存問題」とはなにか

「動的ライブラリ」を利用しているアプリのことを「動的実行ファイル」(dynamic executable)と言います。

前述したプログラムを「-static」を付けずにコンパイルすると、実行プログラムが動的実行ファイルになります。

前述したように、実行プログラムの起動には「linux-vdso.so.1」「libc.so.6」「/lib64/ld-linux-x86-64.so.2」の3つのライブラリが必要です。どれか1つでも欠けると起動できません。

ここで試しに、1つのライブラリをリネームしてみます。
なお、この操作は大変危険です。私はあとで、そのことを思い知りました。

```
# sudo -s
# cd /usr/lib/x86_64-linux-gnu
# mv libc.so.6 libc.so.6_
```

実行プログラムを起動しようとすると、エラーになります。

```
# ./a.out
./a.out: error while loading shared libraries: libc.so.6:
cannot open shared object file: No such file or directory
```

「shared libraries」というのは動的ライブラリのことを意味しています。

起動に必要なライブラリが存在しないので、当然起動に失敗するというわけです。

換言すると、「a.out」という実行プログラムは、3つのライブラリに依存しています。

Ubuntuのaptコマンドで起こった「パッケージ依存問題」についても、考え方の根本は同じです。

Ubuntuの復旧方法

本題とは外れるのですが、前節で「/usr/lib」配下の重要なライブラリ「libc.so.6」をリネームしてしまったことで、Ubuntuで軒並みアプリが実行できなくなりました。

多くのコマンドが利用しているライブラリであるからなのですが、mvコマンドも動かなくなってしまったので、リネームしたライブラリを元の名前に戻すこともできなくなりました。

そこで、「Ubuntu」をシングルユーザーモードで起動して復旧を試みることにしました。「VM」(Virtual Box)で電源オンしたあと、[ESC]キーを押すと「GRUB」のメニューに入れます。

「GRUB」メニューから「Advanced options for Ubuntu」を選び、「recovery mode」を実行します。

通常はこれで起動できるはずなのですが、「/sbin/init」が起動に失敗します。なぜならば、多数の動的ライブラリを利用しており、そのうちの1つにリネームしたライブラリが含まれているからです。

仕方がないので、「Ubuntu」のインストール用ISOファイルからブートしてリカバリーを行ないました。

図1-8-3　リカバリーの様子

手順としては、以下のとおりです。

[1] [ESC]キーの押下でGRUBメニュー

[2] GRUBのUEFI Firmware Settingsを選択する

[3] Boot order のTOP をISOにする

[4] ISOからブートする

[5] インストーラーが起動して「Try Ubuntu」を選ぶ

[6] Terminal を起動

```
# sudo -s
# mount /dev/sda2 /mnt
/mnt 配下を復旧。
# umount /mnt
```

動的ライブラリの利点と欠点

「動的ライブラリ」は、「静的ライブラリ」と比較して、以下に示す利点があります。

・実行プログラムのバイナリサイズを小さくできる
・ライブラリのみの更新ができる

ここでサンプル・プログラムとして、「動的ライブラリ」を作ってみることにします。まずは、main関数をもつプログラムを作ります。

リスト main.c

```c
#include <stdio.h>
#include "sub.h"

int main()
{
    puts("main");
    sub();
}
```

sub関数を呼び出していますが、関数の実体は「main.c」にはありません。そこで、sub関数を「動的ライブラリ」として提供します。

includeヘッダは、下記のとおりです。

リスト sub.h

```c
#ifndef SUB_H
#define SUB_H

void sub(void);

#endif
```

sub関数の実体は「sub.c」として記述します。

リスト　sub.c

```c
#include <stdio.h>
#include "sub.h"

void sub(void)
{
    puts("sub");
}
```

ソースファイル「.c」が2つに分かれていますが、**図1-8-4**に示すように「sub.c」をライブラリ化して、「main.c」からリンクするようにします。

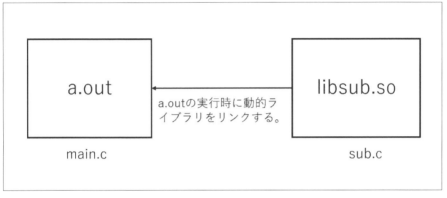

図1-8-4　実行プログラムから動的ライブラリを使う

それでは、ソースファイルを順にビルドしていきます。

*

「main.c」は普通にビルドしようとすると、sub関数が見つからないことでリンクエラーになるので、リンクをせずにコンパイルだけを行ないます。

「-c」オプションを付けると、「main.c」から「main.o」というオブジェクトファイルが作られます。

「file」コマンドでみると「relocatable」となっています。オブジェクトファイルはまだリンク前なので、再配置可能ですよ、という意味を表わしています。

```
# cc main.c
/usr/bin/ld: /tmp/ccXHiaIS.o: in function `main':
main.c:(.text+0x15): undefined reference to `sub'
collect2: error: ld returned 1 exit status
# cc -c main.c
# file main.o
main.o: ELF 64-bit LSB relocatable, x86-64, version 1
(SYSV), not stripped
```

次に、「sub.c」をビルドして「動的ライブラリ」を作ります。

拡張子の「.so」は「Shared Object」の意味です。fileコマンドにもそう書いてありますね。

```
# cc -shared -o libsub.so sub.c
# file libsub.so
libsub.so: ELF 64-bit LSB shared object, x86-64, version 1
(SYSV), dynamically linked, BuildID[sha1]=6cb904a5af312315d
b7ecf301b3c467a269227ed, not stripped
```

それでは「main.o」と「libsub.so」をリンクして、実行プログラムを作ってみます。

```
# cc main.o libsub.so
# ./a.out
./a.out: error while loading shared libraries: libsub.so:
cannot open shared object file: No such file or directory
```

残念なことに、プログラムの実行がエラーになってしまいました。「libsub.so」が見付からないと言っています。なぜでしょうか？

lddコマンドで調べてみると、「not found」となっています。1つでもこのエラーがあると、プログラムの実行時に「動的ライブラリ」を見つけることができずに、起動が失敗するのです。

```
# ldd ./a.out
        linux-vdso.so.1 (0x00007fff623fe000)
        libsub.so => not found
        libc.so.6 => /lib/x86_64-linux-gnu/libc.so.6
(0x00007f9320925000)
        /lib64/ld-linux-x86-64.so.2 (0x00007f9320b30000)
```

lddコマンドでは「動的ライブラリ」の依存関係を調べることができるので便利です。

組み込みLinuxではlddコマンドが導入されていないこともありますが、その場合は以下のようにすると、同様の結果が得られます。「man ldd」にも書いてあります。

```
# LD_TRACE_LOADED_OBJECTS=1 ./a.out
```

動的ライブラリの検索パス

実行プログラムにおいて、「動的ライブラリ」の依存関係を調べるには、lddコマンドが役に立ちます。

```
# cc main.o libsub.so
# ldd ./a.out
        linux-vdso.so.1 (0x00007fff623fe000)
        libsub.so => not found
        libc.so.6 => /lib/x86_64-linux-gnu/libc.so.6
(0x00007f9320925000)
        /lib64/ld-linux-x86-64.so.2 (0x00007f9320b30000)
```

「動的ライブラリ」が見つからないときは、上記のように「not found」と出ますが、そもそもどのパスが検索対象になっているのでしょうか？

リンカーが検索するパスは、ldコマンドで知ることができます。

```
# ld --verbose | grep SEARCH_DIR | tr -s ' ;' '¥n'
SEARCH_DIR("=/usr/local/lib/x86_64-linux-gnu")
SEARCH_DIR("=/lib/x86_64-linux-gnu")
SEARCH_DIR("=/usr/lib/x86_64-linux-gnu")
SEARCH_DIR("=/usr/lib/x86_64-linux-gnu64")
SEARCH_DIR("=/usr/local/lib64")
SEARCH_DIR("=/lib64")
SEARCH_DIR("=/usr/lib64")
SEARCH_DIR("=/usr/local/lib")
SEARCH_DIR("=/lib")
SEARCH_DIR("=/usr/lib")
SEARCH_DIR("=/usr/x86_64-linux-gnu/lib64")
SEARCH_DIR("=/usr/x86_64-linux-gnu/lib")
```

　実際の動作としてはgccが保有するパスが検索対象となるので、リンカーのパスは無関係です。ちょっとややこしいですね。

　gccの検索パスは、以下のコマンドを実行して「-L」から始まる文字列で分かります。

```
# gcc -v main.c
```

筆者の環境では以下のようになります。

```
-L/usr/lib/gcc/x86_64-linux-gnu/9
-L/usr/lib/gcc/x86_64-linux-gnu/9/../../../x86_64-linux-gnu
-L/usr/lib/gcc/x86_64-linux-gnu/9/../../../../lib
-L/lib/x86_64-linux-gnu
-L/lib/../lib
-L/usr/lib/x86_64-linux-gnu
-L/usr/lib/../lib
-L/usr/lib/gcc/x86_64-linux-gnu/9/../../..
```

　結局のところ、「libsub.so」が、どのパスにも存在しないため、エラーとなっているというわけです。

＊

　ここで試しに、ライブラリを「/lib64」と「/lib」、「/usr/lib/x86_64-linux-gnu/」に置いてみましょう。
　root権限が必要なので「sudo」で操作します。

```
# sudo cp   libsub.so /lib64
# sudo cp   libsub.so /lib
# sudo cp   libsub.so /usr/lib/x86_64-linux-gnu/
# ldd ./a.out
        libsub.so => /lib/x86_64-linux-gnu/libsub.so
(0x00007febf46f6000)
```

　lddコマンドで見ると、「/usr/lib/x86_64-linux-gnu/」配下で見つけています。これは、ライブラリの検索を上から順に行なうからです。

　よって、「/lib」よりも優先されるというわけです。
　「/lib64」はリンカーにあっても、「gcc」では定義されていないので、検索の対象外です。

「/usr/lib/x86_64-linux-gnu/」配下に置いたライブラリを削除すると、「/lib」からみつけるようになります。

```
# sudo rm /usr/lib/x86_64-linux-gnu/libsub.so
# ldd ./a.out
        libsub.so => /lib/libsub.so (0x00007f9aee93d000)
# sudo rm /lib64/libsub.so /lib/libsub.so
# ldd ./a.out
        libsub.so => not found
```

「検索パス」を追加する

自前で作ったライブラリを既存のディレクトリに格納するというやり方では、root権限が必要となるため、オペミスをするとシステムを破壊する危険性があります。特に、開発中は破壊しないようにしたいものです。

そこで、リンク時に以下のようにパスを指定することで、「検索パス」を追加することができます。

```
# cc -L/home/yutaka/src/dynamic -Wl,-rpath=/home/yutaka/
src/dynamic main.o -lsub# ldd ./a.out
        linux-vdso.so.1 (0x00007ffe67300000)
        libsub.so => /home/yutaka/src/dynamic/libsub.so
(0x00007ff27b8a9000)
        libc.so.6 => /lib/x86_64-linux-gnu/libc.so.6
(0x00007ff27b6a5000)
        /lib64/ld-linux-x86-64.so.2 (0x00007ff27b8b5000)
# ./a.out
main
sub
```

ライブラリの更新

「動的ライブラリ」は、開発作業を分離できるので、大変便利な仕組みです。しかし、ライブラリのバージョン管理をどうすればよいのか、という課題があります。

これまで紹介したプログラムのソースコードをここに再掲します。
以下はメイン・プログラムです。

リスト main.c

```c
#include <stdio.h>
#include "sub.h"

int main()
{
    puts("main");
    sub();
}
```

次に、ライブラリ・プログラムです。
実体としては、sub関数が定義してあるだけです。

リスト sub.c

```c
#include <stdio.h>
#include "sub.h"

void sub(void)
{
    puts("sub");
}
```

上記のプログラムを実行すると、以下の出力結果となります。

```
# cc -shared -o libsub.so sub.c
# cc -L${PWD} -Wl,-rpath=${PWD} main.c -lsub
# ls a.out libsub.so
a.out*  libsub.so*
# ./a.out
main
sub
```

さて、ここでライブラリ側の実装を変更してみます。sub関数での出力メッセージを変えただけです。

リスト　sub2.c

```c
#include <stdio.h>
#include "sub.h"

void sub(void)
{
    puts("hoge");
}
```

上記のソースファイルをビルドして、「動的ライブラリ」を作ります。
「libsub.so」という「動的ライブラリ」が作成されます。

```
# cc -shared -o libsub.so sub2.c
# ls libsub.so
libsub.so*
```

それでは、このライブラリを先ほど作ったライブラリに上書きしてみると、どうなるでしょうか。

```
# ./a.out
main
hoge
```

ライブラリを差し替えたことで、実行結果にも変化があり、出力メッセージが「sub」から「hoge」に変わったことが分かります。

＊

このように、「動的ライブラリ」はファイルを差し替えるだけで、メイン・プログラムの動作を変えることができます。

これが「静的ライブラリ」である場合は、メイン・プログラムの再ビルドが必要となり、手間が増えてしまうというわけです。

ライブラリのバージョン管理問題

　「動的ライブラリ」の利点は手軽にアップデートできるところです。

　ところが、前節の例で紹介したように、プログラムの動作結果が変わってしまっています。

　ライブラリの仕様をどう定義するかで話は変わってきますが、メッセージの出力が、

```
main
sub
```

と出るのが仕様として正しいのだとすると、

```
main
hoge
```

と表示されてしまうのは、間違いだということになります。

＊

　大原則として、「動的ライブラリ」を更新する場合は、下位互換性を維持するという暗黙のルールがあります。

　しかしながら、建前としてそうではあるといっても、ライブラリのバージョンアップで互換性が損なわれることもあります。

　そのため、ライブラリのアップデートを行なう場合は、ライブラリをリンクするメイン・プログラムとの結合テストを行なう必要があります。

　メイン・プログラムがリンクしているライブラリが何者か不明だと困るので、何らかのバージョン管理をする必要があります。

　1つの管理方法として、シンボリックリンクを利用するというのがあります。

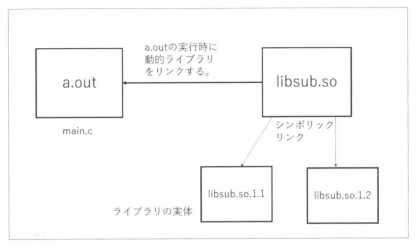

図1-8-5　シンボリックリンクによるバージョン管理

```
# cc -shared -o libsub.so.1.1 sub.c
# cc -shared -o libsub.so.1.2 sub2.c

※↓libsub.so.1.1をシンボリックリンクする
# ln -s libsub.so.1.1 libsub.so
# cc -L${PWD} -Wl,-rpath=${PWD} main.c -lsub
# ./a.out
main
sub

※↓libsub.so.1.2をシンボリックリンクする
# rm libsub.so
# ln -s libsub.so.1.2 libsub.so
# ./a.out
main
hoge
```

　デバッグのときに、どのライブラリで動いているかを把握しておく必要があるため、ライブラリのバージョン情報をログに残すようにするのが定石です。

　たいていのライブラリは、バージョン情報をもっているため、メイン・プログラム側で起動時に情報採取をしておきます。

リスト　main.c

```c
#include <stdio.h>
#include "sub3.h"

int main()
{
    char *ver;

    puts("main");

    ver = library_sub_version();
    printf("%s¥n", ver);

    sub();
}
```

リスト　sub3.h

```c
#ifndef SUB_H
#define SUB_H

char *library_sub_version(void);
void sub(void);

#endif
```

リスト　sub3.c

```c
#include <stdio.h>
#include "sub3.h"

static char *version = "library sub version 1.12";

char *library_sub_version(void)
{
    return (version);
}

void sub(void)
{
    puts("foobar");
}
```

```
# cc -shared -o libsub.so sub3.c
# cc -L${PWD} -Wl,-rpath=${PWD} main.c -lsub
# ./a.out
main
library sub version 1.12
foobar
```

パッケージ管理で依存問題を解決

Linuxで動作するプログラムは、そのほとんどが「動的ライブラリ」を活用しています。

そのため、プログラムとライブラリの管理をしないと、プログラムもしくはライブラリをバージョンアップしたときに、期待動作しなくなるという課題があります。

そこで、Linuxディストリビューションごとに、独自にパッケージ管理を行なっています。

「Red Hat」系なら「RPM」、「Debian」系なら「DEB」。UbuntuはDebian系なので「DEB」になります。

＊

組み込みLinuxの場合に関しても同様です。

組み込みLinuxにもいろいろな種類が存在するのですが、基本的にオープンソースなので、ゼロから手作りすることもできます。

自分でゼロから作り上げたLinuxのことを、「RYO(Roll-Your-Own) Linux」と言います。

「RYO Linux」はすべて手作りなので、すべてが自己責任となります。

「RYO Linux」を構築するには、相当なスキルが必要なので、社内に強力な体制を作らないといけないでしょう。

組み込みLinuxにも商用Linuxという製品があり、ベンダーから評価ボードとベースコードを購入して、自社向けにカスタマイズするという開発手法をとります。

組み込みLinuxの商用版では、ベンダーが独自にパッケージ管理の仕組みを導入しています。

ラズパイはDebian系Linuxなので、パッケージ管理は「DEB」を使っています。

Linuxディストリビューションや組み込みLinuxごとに独自性がありますが、パッケージ管理を行なうことで、プログラムの依存問題を解決しています。

DEBの中身を見てみる

DEBパッケージの中身がどうなっているかを、見てみることにします。

ここでは「sl」という、汽車が走るジョークソフトのパッケージを例として取り上げます。

Ubuntuではaptコマンドを使ってソフトウェアを導入するので、DEBパッケージの存在をあまり気にしたことがないと思います。実際、私もそうでした。

せっかくの機会なので、少しパッケージの世界を覗いてみます。

*

以下のように、aptコマンドを使うと、DEBファイルだけがダウンロードできます。root権限が必要です。

```
# sudo apt install sl --download-only
file /var/cache/apt/archives/sl_5.02-1_amd64.deb
/var/cache/apt/archives/sl_5.02-1_amd64.deb: Debian binary
package (format 2.0), with control.tar.xz, data compression
xz
```

ユーザー権限であれば、下記のコマンドでもOKです。カレントディレクトリにDEBファイルが格納されます。

```
# apt download sl
```

DEBファイルはアーカイブになっていて、「ar」や「dpkg-deb」コマンドで展開ができます。

```
# dpkg-deb -R sl_5.02-1_amd64.deb .
```

「DEBIAN/control」ファイルがパッケージ管理の要です。

この中にある「Depends:」行に依存するパッケージが記載されています。

リスト control

```
Package: sl
Version: 5.02-1
Architecture: amd64
    :
Depends: libc6 (>= 2.2.5), libncurses6 (>= 6), libtinfo6 (>=
6)
    :
```

つまり、slコマンドの場合、「libc6」「libncurses6」「libtinfo6」が先に導入されていないと、slがインストールできないということになります。

もし、「libc6」ではなく「libc7」が入っていた場合、slコマンドからみれば依存関係が合わないということになり、インストールが失敗します。

Ubuntuのパッケージインストール不可問題

本記事の発端は、Ubuntuのクリアインストール直後の状態で、「opensshserver」パッケージがなぜかインストールできないという問題を調べ始めたことでした。

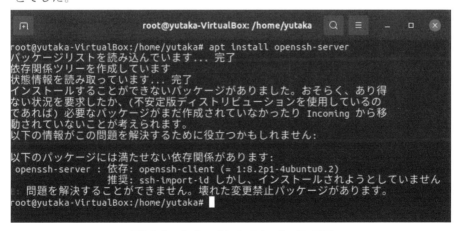

```
root@yutaka-VirtualBox: /home/yutaka
root@yutaka-VirtualBox:/home/yutaka# apt install openssh-server
パッケージリストを読み込んでいます... 完了
依存関係ツリーを作成しています
状態情報を読み取っています... 完了
インストールすることができないパッケージがありました。おそらく、あり得
ない状況を要求したか、(不安定版ディストリビューションを使用しているの
であれば) 必要なパッケージがまだ作成されていなかったり Incoming から移
動されていないことが考えられます。
以下の情報がこの問題を解決するために役立つかもしれません:

以下のパッケージには満たせない依存関係があります:
 openssh-server : 依存: openssh-client (= 1:8.2p1-4ubuntu0.2)
                  推奨: ssh-import-id しかし、インストールされようとしていません
  問題を解決することができません。壊れた変更禁止パッケージがあります。
root@yutaka-VirtualBox:/home/yutaka#
```

図1-8-6 パッケージのインストールエラー画面

```
# apt install openssh-server
以下のパッケージには満たせない依存関係があります:
 openssh-server : 依存: openssh-client (= 1:8.2p1-
4ubuntu0.2)
               推奨: ssh-import-id しかし、インストールされよ
うとしていませんE: 問題を解決することができません。壊れた変更禁止パッケー
ジがあります。
```

　依存関係をみると、「openssh-client」のバージョンで引っかかっていること
が分かります。

　すでにインストールされている「openssh-client」パッケージの、バージョン
を見てみます。

```
# apt show openssh-client
Package: openssh-client
Version: 1:8.2p1-4ubuntu0.4
```

　「8.2p1-4ubuntu0.4」となっています。「openssh-server」は「8.2p1-
4ubuntu0.2」をインストールしようとしているので、バージョンが合わないの
が原因です。

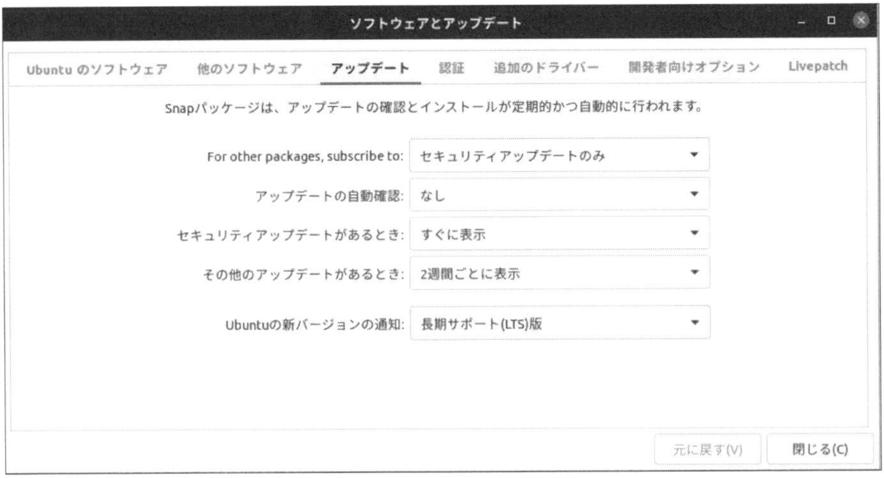

図 1-8-7　アップデートの設定画面

根本原因としては、Ubuntuの「ソフトウェアとアップデート」の設定で、「セキュリティアップデートのみ」としていたことでした。

これを「すべてのアップデート」に変更することで、問題なくパッケージを導入することができました。

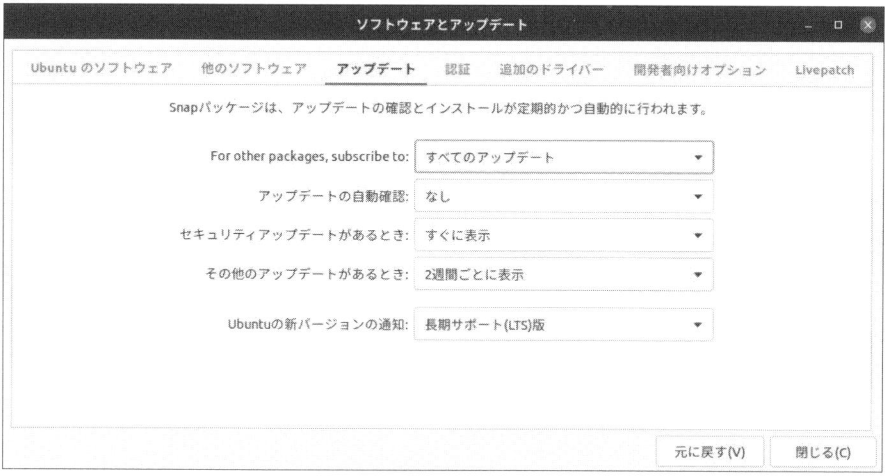

図1-8-8　アップデートの設定画面(修正後)

1-9 「ccache」をWindowsでビルドしてみよう

C/C++のコンパイル時間を短縮する仕組み「ccache(Compiler cache)」というツールがあります。

「ccache」はクロスプラットフォーム対応の「OSS」なので、商用利用でも無償で使うことができます。

*

今回、Windowsで「ccache」を使っていて、いろいろと困った問題が発生したことで、「ccache」のことを調べていました。

最終的には「ccache」のソースコードを修正して、ビルドするところまでやってしまいました。おかげさまで、「ccache」に関するノウハウがいろいろ溜まったので、このたび原稿のネタにすることにしました。

困っていたこと

とある案件で、ソフトウェアのソースコードをWindwosでビルドしていましたが、巨大なプログラムなので、とにかくビルドに時間がかかるのが難点でした。

何度もリポジトリを切り替えて使うので、その度に再ビルドが発生するのも、作業効率化の悪化につながっていたようです。

そこで、「ccache」というツールがあることを取引先から教えてもらいました。「ccache」はけっこう古くからあるのですが、恥ずかしながら、その存在を知ったのはここ最近のこと。

エンジニア歴が長くとも、まだまだ知らないことがたくさんあります。人生、勉強です！

＊

ところが、「ccache」を導入してからビルドの動作が不安定になりました。

これは明らかにおかしいと思って調べてみると、「ccache」は公式にWindowsのサポートが手薄なのです。

＊

下記サイトに、「ソースコード」と「バイナリ」が置かれていますが、よく見ると、Windowsバイナリのところに、「B-level support」という注意書きがあります。

https://ccache.dev/download.html

下記サイトに「B-level support」の意味が書いてあります。

https://ccache.dev/platform-compiler-language-support.html

＊

Probably works, may work or is partially supported. Not part of the test procedure before a new release. Bug fixing and testing largely depend on contributions from the community.

↓私による翻訳

たぶん動く、動くかもしれないといった部分的なサポートである。
ccacheの新しいバージョンをリリースするときに、テストには含まれない。
バグ修正やテストはコミュニティベースである。

*

なんだか不安を感じる記載になっています。

しかし、ここでただ口を開けて待っているだけでは意味がありません。「ccache」のソースコードは開示されているので、自分で調べてみることにしました。

ソースコードを読む

「OSSはソースコードが開示されているから誰でも開発できる」とは、よく言われますが、これは語弊があります。

そもそもソフトウェアというものは、要件定義があって、そこから設計書が作られて、最後にソースコードが作られます。

つまり、ソースコードだけあっても、よく分からないところがたくさんあるわけです。

*

次に、ソースコードがどのプログラミング言語で作られているか。

世の中には多数のプログラミング言語が存在します。プロとしてプログラマーをやっている人もいれば、趣味でプログラミングをやっている人もいます。

しかし、ありとあらゆるプログラミング言語を扱える人はほとんどいません。

ですから、「ソースコードがあるから誰でもできる」というのは語弊があります。

もちろん、そのためにものすごく努力をすれば話は別ですが、たいていの人は挫折してしまうことでしょう。

なぜなら、プライベートの時間を使って実現するのがとても大変だからです。

OSS開発が本業であるならば話は別ですが、そうではない場合、余暇を使って行なうことになります。

仕事と家庭の両方がある場合、余暇なんてほとんどありませんから、いかに時間を捻出するかに頭を使うことになります。

「ccache」は「バージョン3」まではC言語で実装されていましたが、「バージョ

ン4」からはC++で再実装されました。

　C/C++であれば、なんとか読むことができるので、「ccache」のソースコードを読んでみてもよいかな、という気になりました。ファーストインプレッションは大切です。

ビルドについて

　「OSS」は通常ソースコードのみが提供されて、ユーザーが自分でビルドすることが求められます。

　「Linux/UNIX」では、ソースコードからビルドすることで、正しく動くようになっているからです。
　とは言え、ソフトウェアを導入するのに、いちいちビルドしていては手間がかかるので、昨今ではバイナリをそのまま導入することが一般的になりました。

　ただし、その場合、Linux/UNIXシステムのバージョンがまったく同じであることが条件です。
　たとえば、「Ubuntu 18.04」にバイナリを導入する場合、「18.04」上で作られたバイナリである必要があります。これは「動的ライブラリ」に依存するからです。

＊

　「OSS」のWindows版では、さすがにWindowsのユーザーにビルドを求めるのはハードルが高いので、Windows向けのバイナリが提供されるのが一般的です。

「ccache」のビルド方法

　いよいよ「ccache(Compiler cache)」をソースコードからビルドしてみることにします。
　「ccache」は「C++」で実装されていることは分かりましたが、Windowsでビルドするためには、何かしらのコンパイラが必要です。

　コンパイラは何を使えばよいのでしょう？　世の中には「Visual C++」、「gcc」など、さまざまな製品が存在しています。

《Supported platforms, compilers and languages》

https://ccache.dev/platform-compiler-language-support.html

　上記サイトに、開発環境のサポートレベルが書いてあるので、こちらを参考にして決めることにします。

　プラットフォームは、「MSYS2」がサポートレベルBとなっています。
　「MSYS2」というのは、Windows向けのUNIX環境のことで、コマンドラインで操作をします。

　コンパイラは「gcc」がサポートレベルAで、「Visual C++」がサポートレベルBになっています。「gcc」を使うのが良さそうです。

　Windowsで使うコンパイラといえば、Microsoftの「Visual C++」が定番ですが、マルチプラットフォーム向けとなると、「gcc」を使うことが多いです。

「MSYS2」のインストール

　開発環境の構築を始めていきます。まずは、「MSYS2」を導入します。

https://www.msys2.org/

[1] 上記サイトから「msys2-x86_64-20220319.exe」をダウンロードして、インストールします。

　ここでは、「D:¥msys64」をインストール先としました。消費するディスク容量が数GBレベルになります。

[2] インストールが終わったら、Windowsのスタートメニューから「MSYS2 MSYS」を起動します。

　「コマンドプロンプト」や「PowerShell7」に似たような、真っ黒な端末が出現します。
　まだ、コンパイラが入っていないので、「MinGW」というパッケージを

導入します。MSYS2の端末から下記コマンドを実行します。

```
$ pacman -S base-devel
$ pacman -S mingw-w64-x86_64-toolchain
```

インストールが終わったら、Windowsのスタートメニューから「MSYS2 MinGW x64」を起動します。

そうすると、また真っ黒な端末が出現しますが、この端末上でコンパイラを使います。

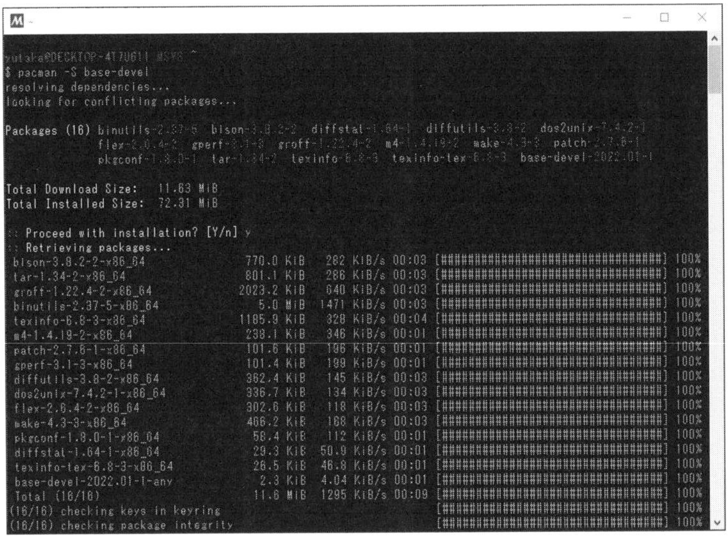

図1-9-1　MSYS2 MSYSでの操作画面

ビルド方法を調べる

「ccache」のビルド方法は、「ccache」のアーカイブに含まれている「doc¥INSTALL.md」に書いてあります。

ビルドツールとして、「cmake」が必要なので導入します。

オプションである「hiredis」も、なぜか入れておかないとビルドエラーになったので、こちらも導入します。

```
$ pacman -S mingw64/mingw-w64-x86_64-cmake
$ pacman -S mingw-w64-x86_64-hiredis
```

ビルド手順は、次のように書いてあります。

```
mkdir build
cd build
cmake -DCMAKE_BUILD_TYPE=Release ..
make
make install
```

「MSYS2」「MinGW」の端末から上記のように実行してみたのですが、うまく動きませんでした。

「ccache」のプロジェクトとしては、Windowsのサポートを手薄にしていることもあり、ドキュメントにはWindowsのビルドに関する情報が記載されていないようです。

そこで、ネットで検索すると同じように困っている人がいて、解決策が紹介されていました。私の環境では、以下の手順でうまくいきました。

```
mkdir build
cd build
cmake -G "MinGW Makefiles" ..
cmake --build .
```

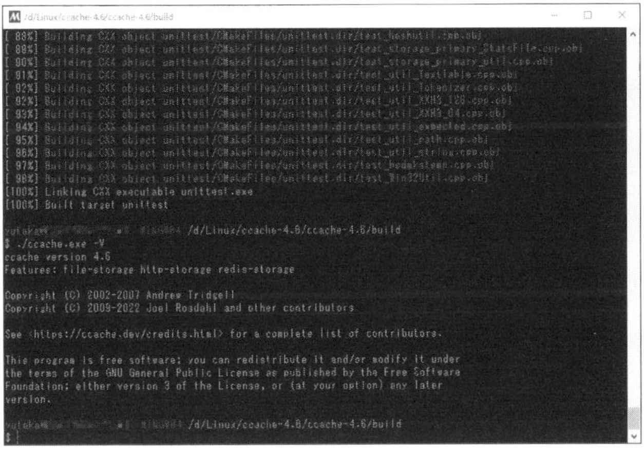

図1-9-2　ビルドが成功したときの様子

　ドキュメントの手順では、「cmake」で「Makefile」を作成したあと、「make」コマンドを使うようになっています。

　「cmake」自身にも「make」と同等の機能があるので、上記では「cmake」コマンドを使っています。

EXEの起動方法

　ビルドして出来た実行プログラム「ccache.exe」は、「MSYS2」「MinGW」の端末から起動できます。

```
# ./ccache.exe -V
```

　しかし、「コマンドプロンプト」や「Power Shell」など、エクスプローラから起動しようとするとエラーになってしまいます。

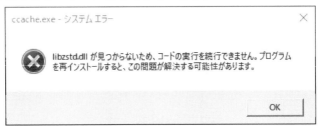

図1-9-3　起動エラーのメッセージ

　lddコマンドで見ると分かるのですが、MINGW環境特有のDLLをリンクしているのが原因です。

```
$ ldd ./ccache.exe
        libhiredis.dll => /mingw64/bin/libhiredis.dll
(0x7ffbeba90000)
        libzstd.dll => /mingw64/bin/libzstd.dll
(0x7ffb85d20000)
```

　これらのDLLを「ccache.exe」と同じフォルダに格納しておくことで、単体でも起動できるようになります。

第 **2** 章

Linux とプログラマー

一般的に「パソコン」と言えば「Windows」ですが、プログラム開発現場では、Linux/UNIXベースでの開発が多いようです。

＊

本章では、Linuxベースの開発環境でのトラブルシューティングを、筆者の経験を元にしてお話しします。

2-1　オープンソース・ソフトウェアの調べ方

オープンソース・ソフトウェアの挙動調査方法についてお話します。

調査のきっかけ

先日、「Samba(サンバ)の挙動が期待どおりではない」という相談が、当方にありました。

「Samba」というのは、「Windowsネットワーク」を「Linux/UNIX」で実装したオープンソース・ソフトウェアです。
30年近くになる歴史あるソフトなので、ご存じの方も多いかもしれません。

相談があった現象は、Sambaの設定ファイル「smb.conf」で、下記の設定をしたにも関わらず、Samba上「/mnt/share/」に作成した、ディレクトリのパーミッションが、「777」にならないというものです。

```
[share]
    path = /mnt/share
    directory mode = 0777
    force directory mode = 0777
```

Sambaでファイルやディレクトリを作るときのパーミッションは、Windows側から受け取った情報(DOSモード)を、UNIX向け(UNIXモード)に変換します。

上記の設定があった場合、この変換後のパーミッションに対して、「directory mode」の値を「AND」して、「force directory mode」の値を「OR」することで、最終的なパーミッションにすることができます。

Sambaのmanページ(公式ドキュメント)にもそう書いてあり、上記の設定であれば、「777」になるはずです。

再現試験

この手の問題を調査するには、どうしたらよいでしょうか。

＊

まずは、問題を再現させてみることです。そうすれば、調査を加速させることができるからです。

筆者の環境、「Ubuntu 18.04LTS」で試してみたところ、「777」になるはずが、「775」になるという現象が発生しました。しかも、常に起きます。

原因を推測する

よく分からない問題を調べるためには、最初に仮説を立てるのが定石です。考えられるのは、

(1) Sambaのバグ

(2) Sambaの仕様

(3) Sambaの設定が足りていない

(1)Sambaは定番のソフトウェアとはいえ、バグはあります。

もし、今回の動きがバグであると疑うのであれば、SambaのBugzillaを探してみることになります。Bugzillaに見当たらなければ、Google先生に頼ることになるでしょう。

(2)バグではなく仕様ということです。

私たちの理解が足りていないだけというオチです。

Sambaの開発者なら内部の動きを熟知しているのでしょうが、私たちがSambaのソースコードを見ずに使っているだけならば、理解不足ということもありえます。

(3)どちらかというと(2)に近いです。ドキュメントの読み込みが足りていなくて、実はまだ必要な設定があるのに、それができていないという話です。

＊

他にも原因は考えられます。Samba側ではなく、Samba以外のソフトウェアが悪さをしているのかもしれません。

原因は1つに絞らず、複数立ててみるのがオススメです。

「Google先生」に聞いてみる

昔と比べて、今はインターネット全盛期。ネットを探せば、欲しい情報は容易に手に入ることが多いです。

検索キーワードは「samba directory mode permission」のように英語を使うのがミソです。日本語で探してもよいのですが、日本語ではあまり情報がヒットしないことがあります。

一通り探してみると、同じく困っている人はそれなりにいて回避策(2777とsetgidを立てる)は見つかりますが、問題の原因についてはっきり示している情報は見つかりませんでした。

筆者の探し方がよくないのもあるかもしれませんが、30分検索してなかったら、1時間や2時間探しても見つからないものなのです。

時間がもったいないので、いったんここで打ち切ります。

「Samba」の動きを追う

100%再現できるので、Sambaの動きを調べることができます。

Sambaに限らず、定番のオープンソース・ソフトウェアでは、ログレベルの設定を行なうことで、内部の動きを知れる詳細な情報を採取することができるようになっています。

Sambaの場合は、「smb.conf」に「log level」でログレベルの指定ができます。数字は多いほど情報も多くなるので、ここでは最大値にします。

```
[global]
  log level = 10
```

「smb.conf」を編集したら、「Sambaデーモン」を再起動する必要があります。

```
# systemctl restart smbd nmbd
```

「/var/log/samba/」配下のログを見ると、

```
unix_mode: unix_mode(新しいフォルダー) returning 0777
```

という出力があり、一見してパーミッションが「777」になっているように見えます。

＊

　この出力の裏付けを取るために、Sambaのソースコードを確認します。

　Sambaはオープンソースであり、ソースコードが一般公開されているわけですから、せっかくの資産を有効活用しましょう。

　SambaはC言語で実装してあるので、I/O読者ならサクサク読めるはずです…？！

考察

　Sambaがディレクトリを作るということは、最終的に「mkdir」システムコールが呼び出されているはずです。

　mkdir関数のmanページを読むと、関数の第2引数でパーミッションが指定できますが、最終的には「umask」が反映されるとあります。

　このことから、Sambaは「777」で「mkdir」するが、最後に「umask」が効いているのではないかと考えられます。

もう一度「Google先生」に聞いてみる

　検索キーワードは「samba directory mode umask」にしてネットの情報を探します。

　すると、「PAM」の「umask」が影響していることが分かり、「smb.conf」で「obey pam restrictions = no」とすることで問題解消できることが判明しました。

＊

ネット情報だけで分からないときは、ソフトウェアのログとソースコードを付き合わせていくと、原因究明につながっていきます。

2-2 「X Window System」のデバッグ方法

ここでは、Hyper-V上で「Fedora」の「X」が起動してこないという現象にぶつかったときに、どのようにしてトラブルシュートしたかについてお話しします。

問題の現象

筆者は新しいLinuxディストリビューションを試してみる場合、「仮想マシン(VM)」に導入して検証しています。

VMは、「VMware」や「VirtualBox」などが定番ですが、Windows10に標準搭載されている「Hyper-V」を使っています。

ただし、2023年現在では、古いOSのサポートが手厚い「Oracle Virtual Box」を常用しています。

そのHyper-Vに「Fedora」を導入したとき、「Fedora29」(2018年10月リリース)がうまく動かないという現象が起きました。

「Fedora28」以前では特に問題なかったので、これには困りました。

問題の現象は、「Fedora29」をインストーラーからのインストールは完了し、OSが再起動してきたときに「X Window System」(以下「X」)が上がってこず、画面が真っ黒になり、何も操作ができなくなるというものです。

問題の調べ方

こうした問題を調査するためには、"切り分け"を行なうところから始まります。

"切り分け"というのは、問題の原因がどこにあるのか、その範囲を絞り込んでいくことを言います。

ITの現場では、障害の原因を究明するときに使われる、定番の手法です。定番とはいえ、案外地味な作業です。

＊

「OS」(Linux)そのものがハングしているのか、それとも「X」が誤動作しているのかを切り分けをします。

そこで、「ブートローダー」(GRUB)からOSを起動するときに、ターゲットの指定を、「graphical.target」から「multi-user.target」に変えます。

「systemd」が導入される以前のLinuxでは、「ランレベル」という概念がありましたが、現在の「Fedora」ではなくなっています(形式上残ってはいます)。

「ランレベル」でいうと、「5」から「3」に変えるという意味です。

＊

「GRUB」からLinuxカーネルの起動オプションに「systemd.unit=multi-user.target」を指定すると、テキストコンソールの起動までを確認することができました。

Linuxカーネルは動作できていますが、Xの起動が失敗していることが予想できます。この時点ではまだ裏付けが取れていない状態です。

「X」の異常終了

「X」のログが「/var/log/Xorg.0.log」にテキストファイルで保存されているので、中身を見てみると、「X」の起動プロセス(Xorg)がエラーしていることが分かります。

psコマンドでも「Xorg」というプロセスが見当たらないので、異常終了しています。

```
[   412.728] (II) Loading /usr/lib64/xorg/modules/
libfbdevhw.so
[   412.728] (II) Module fbdevhw: vendor="X.Org Foundation"
[   412.728] compiled for 1.20.2, module version = 0.0.2
[   412.728] ABI class: X.Org Video Driver, version 24.0
[   412.728] (EE) No devices detected.
[   412.728] (EE)
Fatal server error:
[   412.728] (EE) no screens found(EE)
```

「OS」を「multi-user.target」ターゲットで起動して、テキストコンソールか

ら「startx」コマンドを実行するとで、手動で「X」を起動することができます。

このとき、ログレベルを上げることができるので、より詳細な情報を採取することができます。

```
# startx -- -verbose 6 -logverbose 6
```

「X」のデバッグ方法

「Xorg」というプロセスが異常終了している原因を調べるには、どうすればよいのでしょうか。

＊

「Xorg」はユーザープロセスなので、Linuxでは定番の「gdb」を使えそうです。

しかしながら、「Xorg」はバックグランドプロセスであるため、どのタイミングで「gdb」でアタッチすればよいかが問題です。

「Xorg」が動作中に「PID」を調べて、「gdb」でアタッチするというやり方がありますが、今回の現象は「Xorg」が起動してすぐに終了してしまうので、この方法は使えません。

「X」が起動するとき、最初に「/usr/bin/X」が実行されますが、「/usr/bin/Xorg」へのシンボリックリンクになっており、実体はシェルスクリプトです。

ここから「X」のプロセスである「/usr/libexec/Xorg」が実行され、このバイナリファイルを「gdb」でアタッチしたいのです。

そこで、「/usr/bin/X」を別途用意したシェルスクリプトに置き換えてしまうことで、「Xorg」の本体を「gdb」経由で起動します。

また、デバッグ時はバックグランドにする必要もないので、フォアグラウンドにすることで、「gdb」上でデバッグ操作も行なえるようになります。

「gdb」が使えれば、どこで問題が起きているのかソースコードレベルでデバッグを進めていくことができます。

```
#!/bin/sh

ARGS=$*
PID=$$

test -z "$GDB" && GDB=gdb
test -z "$XSERVER" && XSERVER=/usr/libexec/Xorg

cat > /tmp/.dbgfile.$PID << HERE
file $XSERVER
set args $ARGS
handle SIGUSR1 nostop
handle SIGUSR2 nostop
handle SIGPIPE nostop
b xf86BusConfig
HERE

$GDB --command=/tmp/.dbgfile.$PID
```

2-3　　　Linuxカーネルを改修してみる

　ここでは、Linux カーネルのソースコードを少しだけ修正してみようという
お話です。

　「C言語」の知識は必要ですが、お題としてはやさしめの部類になります。

きっかけ

　Linux デバイスドライバのサンプルプログラムを作っていて、カーネル関数
の動きに"おやっ"と思い、Linux カーネルの実装を調べていました。

　具体的には、insmod コマンドを使ってデバイスドライバをロードしたときに、
device_create 関数を呼び出すことで、デバイスファイルを作成できるようになっ
ています。

リスト　サンプルコード

```
my_device = device_create(
                my_class, NULL,
                MKDEV(SAMPLE_MAJOR, SAMPLE_MINOR),
                NULL,
                "samplehw"
        );
if (IS_ERR(my_device)) {
    printk("device_create error (%pe)\n", ERR_CAST(my_
device));
    ret = PTR_ERR(my_device);
    goto error;
}
```

　上記のコードを実行すると、カーネル内部でmknodコマンド相当の処理が
呼び出されて、「/dev/samplehw」が作られます。

＊

　ここで、関数を実行する前にすでに同じ名前のデバイスファイルが存在して
いた場合にどうなるかを試してみたのですが、関数はエラーにはならず、そし
て、デバイスファイルは新しく作られてはいませんでした。

　エラーになると思っていましたが、ならなかったので、実装を調べてみるこ
とにしました。
　なお、Linuxカーネルのバージョンは「5.12」です。

関数のフロー

　device_create関数を呼び出すと、「device_create_groups_vargs関数」→
「device_add関数」→「devtmpfs_create_node関数」→「devtmpfs_submit_req
関数」の順で、次々と関数が呼び出されていきます。

　ここまでの流れはinsmodコマンドの延長線上となりますが、「mknod」を実
行するために、「kdevtmpfs」というカーネルスレッドに処理を依頼します。
　図2-3-1にフローを示します。

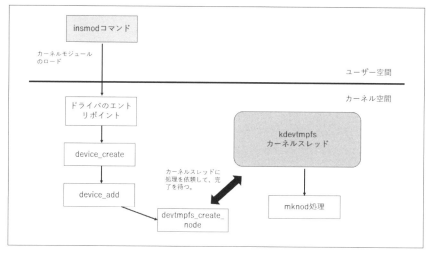

図2-3-1　device_create関数のフロー

　「カーネルスレッド」というのは、カーネル空間で動作するスレッドのことで、
psコマンドでみると角括弧で囲まれたプロセスとしてみえます。

```
# ps -elf
PID    USER     COMMAND
  13 root       [kdevtmpfs]
```

カーネルを修正する

　kdevtmpfsカーネルスレッドの実装をみると、mknodの処理が失敗した場
合は、きちんとエラーを返すようになっています。

リスト　drivers/base/devtmpfs.c

```
    err = vfs_mknod(&init_user_ns, d_inode(path.dentry),
dentry, mode,
            dev->devt);

    return err;
```

　エラー情報は、devtmpfs_create_node関数まで渡ってきますが、当該関数
の返り値チェックがないので、このチェックを追加すればよさそうです。

```
devtmpfs_create_node(dev);

↓

error = devtmpfs_create_node(dev);
if (error) {
    device_remove_sys_dev_entry(dev);
    printk("%s: %d\n", __func__, error);
    goto SysEntryError;
}
```

　上記修正を入れたLinuxカーネルをビルドして、デバイスドライバをロードしてみると、**図2-3-2**に示すように期待どおりのエラーを起こすことができました。

図2-3-2　insmodコマンドでエラー

2-4　　　テストデータの自動生成

プログラマーはテストも行なう

　私は出版事業のほかに、プログラマーとして開発事業にも携わっています。
　ソフトウェア開発という仕事では、コーディングだけをしていればいいわけではありません。当然、テストも自分で行ないます。

　書いたプログラムをテストすることを「単体テスト」と言いますが、このテストは、プログラムを作った人がやらないと意味がないのです。
　なぜならば、作った人でなければ、テスト結果が期待値なのかどうかが分からないからです。

　言い換えると、プログラムを作っていない人がテストすることで、作った人には気付かない問題を摘出できます。このテストのことを、「システムテスト」や「第三者テスト」と言います。

テストデータを作る

　テストを行なうにあたって、「テスト項目」を作る必要があります。何かをテストするかによって、オペレーションもさまざまです。装置に対して人手で操作する類いであれば、テスト項目に「操作方法」を記載します。

　テストデータを流し込む類いであれば、テストデータを事前に作成しておく必要があります。本記事でトピックスとして取り上げるのは、テストデータの作り方についてです。

　さて、今回、私は以下のようなテストデータをつくる必要がある場面に遭遇しました。なお、コンプライアンスがあるので、簡略化してあります。

```
DEV[00000] = 0000H
DEV[00016] = 0000H
DEV[00032] = 0000H
   :
以下、1万個。
```

　角括弧の中の数字がゼロから始まり、16ずつ増えていくのが特徴です。ゼロサプレスなしで、5桁となっています。

　数が少なければ、手動で作れますが、数が多くなると手では作れなくなります。さて、どうすればいいでしょうか？

Excelのマクロを使う

　ExcelのSEQUENCEマクロを使うと、連続した数字を自動生成することができます。Excelのスピルという機能を使っているので、比較的最近になってサポートされたマクロです。

```
=SEQUENCE(行, 列, 開始, 目盛り)
```

　このマクロを使って、

```
=SEQUENCE(10000/16, 1, 0, 16)
```

とすると、0から始まり、16ずつ増えていき、10000/16=625行になるまで繰り返します。

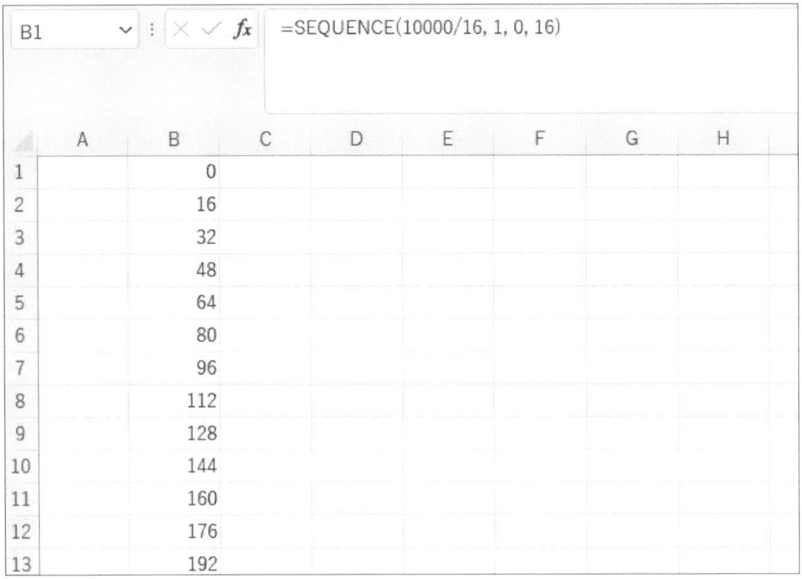

B1	⌄	:	× ✓ fx	=SEQUENCE(10000/16, 1, 0, 16)				
	A	B	C	D	E	F	G	H
1		0						
2		16						
3		32						
4		48						
5		64						
6		80						
7		96						
8		112						
9		128						
10		144						
11		160						
12		176						
13		192						

図2-4-1　ExcelのSEQUENCEマクロによる実例

PowerShellでスクリプトを書く

今どきのWindowsには、「PowerShell」が標準搭載されています。

「PowerShell」でスクリプトを作っておけば、どのパソコンでも動かせますし、カスタマイズも容易です。

スクリプトの記述は、「メモ帳」を使うとしんどいので、「VSCode(Visual Studio Code)」を使いました。PowerShellの構文をキーワード補完してくれるので、とても便利です。

リスト makedata.ps1

```
# テストデータの自動生成スクリプト

$MaxNum = 10000;
$FileName = "testdata.txt"

if (Test-Path $FileName) {
    Remove-Item $FileName
}

for ($i = 0 ; $i -lt $MaxNum; $i += 16) {
    # 進捗バー
    $per = [int](($i / $MaxNum) * 100);
    Write-Progress  -Activity "Progress" -Status "$per%"
-PercentComplete $per

    # テストデータ
    $test = "DEV[{0:d5}] = 0000H" -f $i
    Write-Output  $test | Out-File -append -Encoding utf8
$FileName
}
```

上記のスクリプトを実行すると、テストデータが「testdata.txt」というファイルに出力されます。「Write-Progressコマンドレットを使うと、PowerShellの実行ウィンドウ内に進捗バーを表示することができます。

エクスプローラのファイルメニューから「Windows PowerShellを開く」を選

び、シェルを起動して、スクリプトを実行します。

```
PS No29> .¥makedata.ps1
```

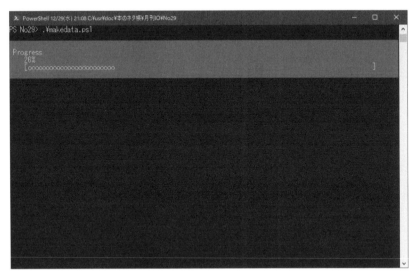

図2-4-2　PowerShellの実行画面

2-5 プログラマーの仕事は「ウォーリーを探せ」に似ている

プロのプログラマーの仕事について紹介します。

消えていく詳細設計書

私が新人のころは、まだ本物の詳細設計書がありました。

キングファイルに挟まれた紙に、ソースコードのすべてが書いてあるので、ソースコードを読む必要がありません。

ソースコードは詳細設計書からC言語に記号変換しただけの存在でありました。「コーディング(プログラミング)なんて誰でもできる、外注にやらせておけばよい」というような言われ方をするのは、かつての文化がルーツになっています。

本物の詳細設計書なんてものを作れたのは、バブルの時代だったからです。

当時の日本人は、朝から深夜まで働き、週末も出てくるのも当たり前。

ソフトウェア開発でみても、バカみたいに手間暇かけてエビデンスを作っていました。残業代もフルで会社から支払われるので、月給を残業代で稼ぐのが一種のステータスとなっていました。

しかし、バブルがはじけて世の中で不景気になっていくと、昔のような長期開発はできなくなり、短納期な開発案件が主流となっていきます。IT業界は常に人手不足であるとはいえども、作業の効率化が図れない人材はあぶれていきます。

納期が短いと、いちいち詳細設計書を作っている暇もなくなります。

詳細設計書そのものがいらないというわけではないのですが、ソースコードを読めば分かることを、いちいち文書に起こすのもバカらしくなってきます。

また、開発期間が短くなると、ソースコードの修正はできても、詳細設計書の修正まで手が回らないようになります。

結果として、詳細設計書の記述がソースコードよりも古くなり、ドキュメントとして役に立たなくなります。

ソースコードの探索

　本来あってはならないことですが、開発案件で残っているのがソースコードだけ、というのは"現場あるある"です。案件がまだ企業内で引き継がれていればよいですが、会社を越えて引き継がれると、引き継ぎのタイミングで情報がロストします。

　なんだかんだいっても、ノウハウというのは人に付いて回るものなので、当事者がいなくなるとノウハウも消失するものなのです。

　もちろん、そうならないように引き継ぎをするわけですが、人の頭の中にある情報を限られた引き継ぎ期間の中で、どこまでアウトプットできるかという課題があり、そこにはやはり限界があります。

　ソフトウェア開発という仕事は、ゼロからソースコードをガシガシ書くということはまずなくて、膨大な量のあるソースコードを改修するところから始まります。

　そのため、ソースコードを丹念に読み込み、読解することが必須となりますが、この作業に大変な時間がかかるのが一般的です。

　どんなにベテランのプログラマーだったとしても、初めて読むソースコードに対しては、少なくない時間がかかるものです。ソースコード読解については、あまり効率化する手段がないのが実情です。

モレなくダブリなく

　ソースコードを改修する場合、最初に改修箇所の洗い出しをします。
　この洗い出し作業が大変重要で、かつ難易度の高い作業でもあります。この作業で手抜きをすると、後で痛い目に遭うことになります。

　ここで具体例を挙げたいと思います。
＊
　組み込み機器のハードウェア改修により、ベースアドレスが変更されることになりました。ソフトウェアからみたときのハードウェア仕様のことを

Software visibilityと言います。

　ソフトウェアはベースアドレスを使って、ハードウェアのレジスタにアクセスを行なうので、ベースアドレスはSoftware visibilityの1つであると言えます。

＊

　ソフトウェアの開発言語はC言語であるとした場合、ベースアドレスがマクロで定義されていたとします。

リスト　hwbase.h

```
#ifndef _HWBASE_H
#define _HWBASE_H

#define LPC_BAR 0x98001000

#endif  /* <hwbase.h> included.  */
```

　仕様変更によりベースアドレスが0x98001000から0x98002000に変わることになったとすると、マクロの定義値を変えるだけですみます。

```
#define LPC_BAR 0x98002000
```

　しかし、修正箇所としては本当にこれだけなのでしょうか？
洗い出し作業をするときは、常にそういった疑問をもつことが大切です。

　探してみると、別のヘッダファイルに同様の定義がありましたので、こちらも修正が必要となります。

リスト　hwbase_new.h

```
#ifndef _HWBASE_NEW_H
#define _HWBASE_NEW_H

#define LPC_BAR 0x98001000

#endif  /* <hwbase_new.h> included.  */
```

＊

　ソースコードの洗い出し作業はモレなくダブリなく、つまりMECE(ミッシー)という論理的思考で実施していく必要があります。

第 3 章

独立起業のためのツール

プログラミングをはじめ、パソコンを最大限に活用するためには、さまざまな「ツール」が必要です。

＊

本章では、筆者が長い間使い続けてきた手放せないツールの話と、独立起業のために活用しているツールを紹介します。

3-1　"独立起業"で必要になるITツール

　私事ですが、2018年に20年勤務した会社（IT企業）を自己都合退職し、2019年1月よりフリーランス（個人事業主）として独立しました。

＊

　ここでは、ITエンジニアが独立するにあたって必要となるツールについて紹介したいと思います。

"独立起業"とは何か

　勤めていた会社を退職して、自分で事業を始めることを「独立起業」と言います。サラリーマンを辞めたので、いわゆる"脱サラ"と呼ばれているもので、筆者はこのスタイルに該当します。

　反対に、サラリーマンをしながら余暇を利用して起業することを、「サラリーマン起業」と言います。

　「起業」というと、株式会社を設立して独自のサービスを展開するようなイメージがありますが、実際にはさまざまな企業形態があります。

　企業形態として、個人事業主として事業を行なうこと、法人化して株式会社や合同会社として事業を行なうことが挙げられます。

　「フリーランス」という言い方をする場合、往々にして個人事業主のことを指しています。

　一人で仕事をしていても「起業」や「企業」と呼びますが、会社ではありません。また、個人事業主という名前から一人のみの企業という感じがしますが、実は従業員を雇うこともできます。街中にある床屋は法人化せず、個人事業主であるところもあるくらいです。

　個人事業主になるためには税務署に開業届を提出するのが一般的ですが、実は必須ではありません。
　開業届を出すことの最大のメリットとして、青色申告が行なえるようになり

(青色申告承認申請書の提出が必要)、青色申告特別控除(最大65万円)という特典を受けることができるようになります。つまり、節税対策に有利というわけです。

開業届を提出せずに、自らをフリーランスと名乗り、独立起業されている方もいます。要は、自己申告です。

組織に所属せず、自らの力で仕事を取ってきて、生活の基盤を築いている人のことを、「独立起業している」と呼びます。

必要なツールあれこれ

独立起業すると、サラリーマン時代とは仕事の仕方が大きく変わります。独立起業して仕事する上で、必要となるツール(道具)について紹介しておきましょう。

*

まずは名刺です。サラリーマンだと会社が名刺を作りますが、独立したら自分で作らないといけません。自分自身を売り込むために、しっかりとした名刺を作りたいものです。

名刺を作るサービスも充実しており、用意されているデザインを選べばよいようになっていたり、自分で作ったデザインデータを送付して名刺を作ることもできます。筆者はPowerPointでデザインデータを作りました。

プリンタは一台自宅にあると便利です。今どき、物理の紙に印刷することなんて年賀状ぐらいで、そもそもプリンタを持っていない方も多いことでしょう。

独立したら何に使うのかというと、「契約書」や「請求書」を印刷するのに必要なのです。デジタルデータでよい取引先もありますが、紙に押印して提出するというところも案外多いのです。

コンビニでもPDFファイルを印刷することもできるので、近くにコンビニがあるなら、コンビニを活用するのもよいでしょう。

　当たり前のことですが、自宅にパソコンは必要です。

　最近は自宅にスマホしかなく、パソコンもなければ、インターネット回線も引いていない家庭も増えてきているようですが、独立するならパソコンは必須アイテムです。

　そして、パソコンには「Microsoft Office」が付属しているものがよいです。

　取引先とやりとりするデータが、「Word」や「Excel」であることが多いからです。

　Microsoft Officeの互換ソフトも使えなくもないですが、データがうまく読み込めなかったり、表示できなかったりする場合もあるので、ここはケチらずにMicrosoft Officeのライセンスを持っておくべきです（最近は、年払いのサブスクOffice365が主流です）。

＊

　デスクトップパソコン以外に、持ち出せるノートパソコンがあると便利です。

　独立すると、人前に出る機会が増えます。自分の顔と名前で仕事を取ってくる必要があるからです。ただし、コロナ禍になってからは、人前に出る機会はゼロになりました。

　交流会などのイベントで登壇するときに、自分のノートパソコンを使ってプレゼンすることになるのが一般的です。

　また、イベント会場ではWi-Fiに接続できるところも多いので、登壇せずともイベント参加時にパソコンが使えると便利です。

　筆者はノートパソコンがあまり好きではないので、個人では所有していませんでしたが、イベントで登壇するようになってから、いつも他人のパソコンを借りるのも面倒になってきたので、自分用に買いました。

　昔は、ノートパソコンは高価でしたが、今では数万円でモバイルパソコンが買えます。登壇専用と位置付けるなら、これで充分です。

＊

　「電子印鑑」という言葉を聞いたことがあるでしょうか。

　普通、印鑑を押すのは紙ですが、PDFなどのデジタルデータに押印することを「電子印鑑」と言います。

　「契約書」や「領収書」などの課税文書を取引先とやりとりする際、収入印紙を

貼る必要があります。もし、収入印紙を貼っていないと、国に税金を納めていないということで、脱税になってしまうからです。

　それでは、課税文書がデジタルデータ、つまり電子文書である場合はどうなるかというと、印紙税は不要となるのです。

　不思議な感じがしますが、収入印紙は切手と同じで郵便局で購入できるのですが（価格が安いものはコンビニでも購入可能）、そもそも電子文書に貼ろうとしても、物理的に貼れないわけです。

　電子文書でやり取りする場合においても、取引先から電子文書に押印を求められることがあるので、電子印鑑を使うのです。

　電子印鑑は紙に押印したものをスマホで写真に撮って、画像ソフトで加工すれば、自分でも簡単に作ることができます。

＊

　確定申告で青色申告をする場合、複式簿記で日々の取引を記録する必要があります。このことを「会計」と言います。

　サラリーマン時代は「会計」なんて気にする必要ありませんでしたが、独立したらそうもいきません。簿記は義務教育で学ばないので、自分で勉強する必要があります。

　しかし、会計ソフトを活用すれば、簿記の知識はさほどなくても問題なく、管理の手間もそれほどかかりません。

　会計ソフトは、パソコンにインストールするアプリケーションタイプの他に、クラウドタイプが主流になってきました。クラウドタイプだとパソコンからだけではなく、スマホからも会計の管理ができるので便利です。

　自宅のパソコンから銀行口座の確認ができるインターネットバンキングも、利用できるようにしておきたいところです。

　会計で日々の取引（お金の出入り）を管理する際、いちいち銀行の窓口に行くのも面倒です。インターネットバンキングがあれば、銀行の窓口が開いていない時間帯でも口座の確認ができます。

　これまでサラリーマンとして働いてきたけれど、将来的に独立起業を考えている方にとって、本稿が有益な情報となれば幸いです。

3-2　noteで売上を上げるためのマル秘テクニック

　筆者は2019年の5月から、「note」というプラットフォームを使って、自分で書いた文章をインターネット上で販売しています。

＊

　ここでは、自分で売文業を行なうコツについて、筆者の経験を元にお教えします。

「note」って何？

　「note」（ノート）というのは、自分で作った文書や画像、音声、動画をインターネット上で販売することができるプラットフォームのことです。
　「Twitter」のように、140文字でつぶやくこともできます。

図3-2-1　筆者のnoteはこんな感じ　https://note.mu/yutakakn

　「note」は非営利目的としても使うことができるため、いわゆるブログのように運用することも可能です。

　noteはnote（株）（2020年4月に（株）ピースオブケイクから社名変更された）が運営しています。2019年1月の時点では月間アクティブユーザー数が1000万人でしたが、2019年9月では2000万人と倍増しており、急成長しています。2022年4月時点では、会員登録者数は500万人です。

　後述しますが、「Twitter」と「note」の相性が良く、Twitterの国内月間アクティブユーザー数が6300万人（2020年5月時点）であることから、Twitterをやっている人は同時にnoteもやっているといった感じです。

「note」の斬新なところ

　これまで、自分が創った作品を売っていくためには、手段はいくつかあるものの、初心者にはハードルが高いものばかりでした。

　文書に限定して考えてみると、昔は雑誌に投稿・寄稿したり、書籍として出版するくらいしか選択肢がありませんでした。
　出版社とのコネを作るのは難しかったのです。

　筆者が月刊I/O誌などで記事を書いてるのは、学生時代に工学社のプログラミング系雑誌に、オリジナルプログラムを投稿したことがきっかけでした。

　インターネットが流行してからは、気軽にWeb上に記事を公開できるようになりましたが、直接販売するのは難しく、お金を稼ぐためにはブログに付随するアフィリエイトや広告の収入に頼るのが定番でした。

　「note」では、自分で作った文書をそのまま販売できます。
　「note」というプラットフォームを介して、直接個人と取り引きする考え方になります（つまり、「note」では源泉徴収されない）。
　「note」での販売は、「個人間取引」に相当するはずなので、消費税は含まれないはずですが、「note公式」の見解としては、「含まれる」になるそうです。
　2023年10月から、インボイス制度が始まるので、要注意です。

記事を買ってもらうには

　インターネットには無料で読める記事がたくさん存在するため、そうした中から自分の記事を買ってもらうには、お金を払ってでも読みたいと思わせる工夫が必要です。ただ販売するだけでは誰も買ってくれません。

　そのためには、

①Twitterのフォロワーを増やす
②珍しい内容で記事を作る
③記事の価格は低めに設定する
④技術文書は全文公開する

といった仕掛けと、それらを実現する努力が必要です。

　なにより、いちばん大切なことは、「自分の“ファン”を作る」ことです。
　noteはあくまでも媒体であり、noteに参加している個人がお客様になります。

　自分が作ったコンテンツを買ってもらえるのは、“ファン”がいるからです。これは芸能人やアイドル、漫画家などと考え方は同じなのです。

　ファンを作るにはどうしたらよいかというと、それはTwitterにアカウントを作り、フォロワーを増やしていくことです。
　フォロワーが多いということは、それだけ多くのファンが潜在しているということであり、「note」を買ってくれる人たちも増えます。

　また、Twitterは拡散性が高いので、Twitterで宣伝すると新しい人が買ってくれる可能性も高まります。

＊

　コンテンツの内容は、他では見られない珍しいものであることが望ましいです。
　自分の体験談や人生経験は好まれやすい上に、記事も書きやすいメリットがあります。

　筆者の場合、「あるサイトの差別発言で名誉毀損された話」と「印税生活は現

実か幻か」がいちばんよく売れています。

なかなか他では知ることができない内容になっているからです。

まったく売れない記事もあるので、単にフォロワー数が多ければよいという
わけでもないので要注意です。

＊

記事の設定価格は100円〜300円の間がおすすめです。

記事を読んでもらって、読者に「お金＜価値」と感じてもらえたら、「この記
事はいいぞ！」と拡散してもらえるからです。

しかし、不思議なことに0円（無料）にした場合は、読者に共感してもらえる
ことはほとんどありません。タダほど安いモノはないということなのか、タダ
だから安っぽく見られるのか、真偽のほどは分かりません。

技術文書は非公開にしても読む人が少ないので、有料記事として作成して値
付けして、全文公開にするのが、いちばんよく売れます。

共感してくれた人は、「こんなに素晴らしい記事を公開してくれてありがとう」
という気持ちになり、記事を買ってくれるのです。

また、「note」にはサポート機能という投げ銭システムも備わっているので、
サポートでお金を振り込んでくれる人も多いです。

筆者の売上状況

「note」を始めてから半年が経過しましたが、現在の売上状況としては4万円
を超えたところです。頑張っても年間10万円を超えるのは難しそうな感じが
します。そもそも、noteに限らず売文業は昔から儲けるのが難しいビジネス
なので、副業的に楽しんでやるのがよいかと思います。

自分で作ったコンテンツをどう売っていけばいいか、商売の基本を学ぶこと
もできるので、なかなか楽しいです。

※コラム執筆が2019年のため、2023年時点での売上状況は変わっています。

商売の基本は宣伝

　「note」に限らず、本もそうですが、宣伝しないと誰にも読んでもらえません。
　とにかく、たくさんの人の目に止まる必要があります。その中から、「この記事にはお金を出してもいい」と考える人が出てくるからです。

　宣伝の仕方としては、ポイントは、「noteが多くの人に読まれている感を出す」ことが重要です。

＊

　人は、記事を書いた人の言うことは信用しません。書いた本人が「この記事は大変よいのでおすすめです」といくら言ったところで、それを真に受ける人はいないのです。
　しかし、人は他人が言うこと、つまり"口コミ"を信用する節があります。

　たとえば、自分の書いた記事を、誰かが「これはいいぞ」と感想を述べていたならば、その発言を紹介するというのは、宣伝効果があります。それを見て、記事に興味をもつ人が出てくるからです。

＊

　このときに絶対にやってはならないのは、否定的な意見を述べている人の発言を紹介しないことです。
　人は安心安全の欲求があるので、ネガティブな意見を見てしまうことで不快な気持ちになるからです。
　基本的に、人はおすすめされていないものを、あえて見てみようとはしないものです。

自分のファンを作る

　記事をたくさんの人に読んでもらうためには、自分のファンを増やしていくことが大事です。しかしながら、芸能人やアイドル、漫画家のような公人レベルの著名人ならいざ知らず、一般人の場合、自分のファンを作ることに、"ピン"とこないかもしれません。

＊

　人という生き物は、同じ職業をもつ人に対して親近感を覚えます。そして、その人が業界の中で著名だった場合、その人に強い興味をもつことがあります。
　この感情がファンを作り出すのです。

とはいえ、何も有名人になる必要はありません。コツコツと記事を書いていると、その記事のことを気に入ってくれる人たちが増えていきます。

"ファン"というのは、雲の上の存在の人に対してだけではなく、身近に感じる人に対しても起こりうる感情なのです。

Twitterとの連動

「note」に記事を載せただけでは、誰も読んでもらえません。

「note」には、SNSのようにフォローする機能がありますが、実際には「note」をポータルサイトとして使っている人はほぼいません。

入り口になるのは、「Twitter」などのSNSです。「note」と相性が良いのはTwitterでしょうか。拡散性がもっとも高いですから。

Twitterで記事を紹介する場合、ツイートする曜日が重要です。「note」は週末にたくさん読んでもらえる傾向にあるので、金曜日の夜か土曜日の昼頃がおすすめです。

＊

そして、日曜日の昼頃にもう一度ツイートします。お昼頃というのは、朝ゆっくりの人たちが多いからです。

Twitterはフォロワー数が多くても、タイムラインに流れるかどうか不明でランダム要素があるので、何度かツイートするのがよいです。

ただし、あまりやり過ぎると反感を買うので、ツイート回数は数回に留めておくのがよいでしょう。

つまり、「note」はTwitterの拡散性で読まれる確率が決まるので、運の要素もあるということです。

また、「note」はブログと違って、サーチエンジンから検索で「note」の記事に辿り着く人がいたとして、その人が記事を読んだとしても、サポートしてくれたり、有料記事を購入してくれたりすることはありません。

なぜならば、その人は"ファン"ではないからです。ただし、読んだ記事に感銘を受けて、新しいファンになる可能性はあります。

＊

このことから、「note」を公開してTwitterで宣伝しなければ売れないという仕組みになっています。

　ごくまれに、昔書いた有料記事を買ってくださる方もいらっしゃるのですが、本当にごくたまにしかないです。

noteの売り方の難しいところ

　noteの販売方法としてはいくつかパターンがあります。

①無料記事として公開する
②有料記事として全文非公開にする
③有料記事だが全文公開にする

　記事の内容が「これはお金を払ってでも読みたい」と思わせる自信があるものであれば、②効果的です。一般公開するとちょっとヤバそうな情報が含まれているから、②にしかできないというパターンもあります。

　筆者が書いた記事のひとつに、「印税生活は現実か幻か」というものがあるのですが、②のパターンにも関わらず、30人以上が購読してくださいました。
　出版業界の中の話と、印税がいくら儲かるのかという話で、内容に希少性があったからです。

図3-2-2　印税生活は現実か幻か

　①のパターンは、より多くの人に読んでもらえますが、売上になることはないです。サポートによる投げ銭が入ることもなかったです。

　無料で提供したものなので、読む側もお金を払う必要性はないだろうと考えるからです。日本では寄付やチップという概念が非常に薄いことも要因です。

　③のパターンは①と違って、記事の購入をしてくださり、それに加えてサポートをしてくれる方がいます。特に、技術文書は当該パターンがおすすめです。

＊

「モノを作って並べれば売れる」という時代はもう終わりました。

　いまはモノが売れない時代です。それだけものづくりをする人たちが増えたのが理由です。

　そのため、「売り方」や「宣伝」を工夫していかないと、誰の目にも触れることなく市場から消えていきます。

　自分なりに試行錯誤してみると、商売の仕方を学ぶこともできて、なかなか楽しいです。

＊

「note」を売上げていくためには、Twitterでの拡散が必要と書きましたが、次は、Twitterのフォロワーの増やし方についてもお話しします。

興味を引く記事にする

「note」にどんなことを書けば、みんなが興味をもってくれるのでしょうか。

　それは、普段知ることがない情報です。お金の話などは、いちばん人気があります。

　「note」でいちばん話題になるのも、「noteでいくら儲かるのか」というテーマだったりするので、ゲスな感じがしますが、人はお金の話が大好きなようです。

　筆者が書いた、「印税生活は現実か幻か」という記事では、本の印税率がいくらか、印税収入はどのくらいをリアルに書いたもので、反響が大きかったです。有料記事として非公開にしていたことで、購読欲を駆り立てたのかもしれません。

　「独立してから何をしているの？」という記事は無料記事でしたが、ページビューが1000超えで、それなりに反響がありました。

　世の中サラリーマンとして働いている人が多く、脱サラして独立している人は少数派なので、どんな仕事をしているのか、やはり興味ある人が多かったようです。

　自分の体験談や経験をベースにした話が、書きやすいと思います。

＊

　反対に、テーマとして良くないのは、特定の個人や企業に対する悪口や陰口です。これはNGです。

　多少の愚痴レベルであればよいかもしれませんが、場合によっては相手から訴えられる危険性があります。

　飲み屋で愚痴ることと、インターネット上で愚痴ることはまったく次元が異なります。

　むしろ、どうしてもネガティブなことをネタにしたいから、記事を全文非公開にするということで、「ここだけの話」を読者と共有できるという売り方もあります。

Twitterのフォロワーを増やす

　SNS機能をもつプラットフォームには、相手をフォローしたり、相手からフォローされるしくみが搭載されていますが、「note」にも同様の機能があります。

　しかしながら、「note」でのフォロワーをいくら増やしたところで、宣伝効果はありません。増やす必要があるのは、「Twitter」のほうです。

　Twitterに限らず、SNSというのは、個人間でつながるためのツールであり、フォロワーが増えるということは、それだけファンが増えるということです。ファンが増えることで、「note」の売上も上がっていきます。

　とはいえ、Twitterでフォロワーを増やしていくのは容易なことではありません。筆者は2016年9月からTwitterを始めていますが、2019年11月時点で1.3万（13300）人です。約3年かけて、やっと1万を超えたところです（2023年3月現在では、フォロワー数は3.6万人）。芸能人などの著名人ならともかく、一般人でも10万を超えている方々が多数いるので、上を見るとキリがないですね。

図3-2-3　筆者のTwitter。フォロワー1.3万人

　フォロワーを増やしていくために、まずやるべきこととして、自分の肩書きや看板を作り、プロフィールに掲載することです。

　なぜならば、面識もなく全然知らない人が、相手を信用する判断に使うからです。まったく素性の知れない人よりも、相手がどこの誰でということが分かると安心感が出てくるのです。

　所属組織から許可をもらっているのならば、所属組織をそのままプロフィールに載せてもよいでしょうが、許可なく載せるのはいただけないです。端から見ると、口が緩く、個人情報を平気で漏洩させる人という見られ方をするからです。

　筆者は本を書いているので、著書があることを前面に出しています。肩書き

であると同時に宣伝にもなるので、一石二鳥です。

　高学歴でなくとも、本を出すと箔が付き、セルフブランディングになることもあり、本を出版することは今でも人気がある仕事です。

　あとは、何かソフトウェアやサービスを作っているならば、それでもよいです。
　むしろ、何もないならば、この機会に何かを作ってみればよいでしょう。

＊

　なお、TwitterはFacebookではないので、実名と顔写真を出す必要はまったくありません。顔や名前で売れるのは、芸能人や政治家などの公人だけです。

コツコツと継続していくこと

　毎日コツコツとツイートを行ない、年単位で続けていくことが大切です。
　これは性格がマメな人でないと、この作業は向いていないかもしれません。
　Twitterは流量が激しく、あっという間にタイムラインから流れていってしまうので、より多くの人の目に触れるようにするためには、回数をこなす必要があります。

　Twitterを毎日やるのはとても大変そうではありますが、1つのツイートが140字程度までと制限されているので、投稿自体はそれほど手間ではありません。これがnoteの記事になると、文字数が増えることもありますが、文章を作り上げるために考えることがたくさんあるので、手間暇が掛かるということなのです。

　ツイートする時間帯も、拡散性を得るために重要です。
　平日は働きに出ている人が多いので、昼休み(12:00-13:00)、帰宅後(20:00-23:00)の時間帯にツイートすると目にとまりやすいです。
　しかし、朝の通勤時間帯(7:00-8:30)は狙い目ではありません。車や電車で通勤している人は、移動中にスマホを見る余裕がないからです。運転中にスマホすることはそもそも犯罪行為(6カ月以下の懲役、または10万以下の罰金)だし、満員電車の中でスマホを手に取ることも難しいでしょう。コロナ禍に入ってからは在宅勤務が増えたことで、会社員と思われる方々が日中でもかまわず

Twitterをしているので、今はツイートする時間帯を気にしなくてもよいのかもしれません。

＊

フォロワーを増やしていくコツはまだまだたくさんありますが、今回紹介したのは、その基本となる考え方を示しました。

筆者の経験をベースにしているので、万人に通用するとは思っていませんが、読者の皆様にとって何かしらヒントになれば幸いです。

「note」が「インポート/エクスポート」に対応

「note」(ノート)が2023年3月6日にインポートとエクスポート機能をサポートしました。

さっそく、私もこの機能を使ってみたのでレポートします。

ちなみに、私のnoteは下記のとおり。

```
https://note.com/yutakakn
```

■noteとは

「note」では、読者から直接お金を受け取ることができるので、自然な形でマネタイズが可能となっており、人気のあるサービスです。

ただし、note経由での取引となるため、プラットフォーム料として20%が差し引かれます。

＊

お金の話になりますが、2023年10月からインボイス制度が始まります。会社員で副業をしたことがない方には、「なんのこっちゃ」かもしれません。

会社から振り込まれる給料には消費税が含まれないのですが、副業などの事業で得たお金には通常、消費税が含まれています。雑誌の原稿料や本の印税には、消費税が含まれています。

本来、消費税は国に納める税金でありますが、免税事業者に関してはこれまではそのまま自分の懐に入れてよいことになっていました。

免税事業者というのは、事業の売上が年間で1000万を超えていない人や企業のことを指します。

　端的に言うと、「インボイス制度」では、免税事業者からも消費税を回収しようという仕組みです。

　ただし、メルカリなどの個人間取引では消費税が発生しません。
　「note」も同様で個人間取引になるので消費税は含まれないはずなのですが、「note」の公式見解としては「消費税を含む」ということになっています。

■インポートとエクスポート機能

　noteで記事を作成するには、「ブラウザ」や「スマホ」を使って、インターネットに接続した状態で行なう「オンライン編集」になります。

　そのため、作成した記事をローカルにバックアップしておきたいと思っても、テキストをコピー&ペーストするぐらいしか方法がなく、不便でした。特に、画像を貼り付けていると、非常に面倒です。

　また、note以外のブログから移行することも簡単にはできません。一般的なブログサービスでは、記事の保存、および記事の取り込みが機能としてサポートされているため、noteにも同様の機能がサポートされることが望まれていました。

　noteが公式にサポートすると宣言して、2年近くかかりましたが、待望のインポート/エクスポート機能が実装されました。

＊

　「インポート」(import)というのは「輸入」という意味ですが、IT関係では何らかのデータを取り込む、という意味合いでよく使われます。

　「note」のインポート機能というと、他のブログデータを取り込むことができるという意味であり、他ブログサービスからnoteに移行したい場合に便利です。

　「エクスポート(export)」というのは「輸出」という意味ですが、「note」においては、作成した記事をローカルにファイルとして保存できる、ということになります。

エクスポートしたデータを、他ブログに取り込むことも可能です。

■インポート機能を使う

「note」のインポート機能は、「WordPress」(WXR形式)と「MovableType(MT形式)」に対応しています。

ここでは、「WordPress」のブログデータをnoteに取り込んでみたいと思います。WordPressはネットオウル(株)の「StarSeverFree」を使いました。制限付きではありますが、無料で使えるブログサービスです。

まずはWordPressの記事をローカルに保存します。「yutakahiratablog.WordPress.2023-03-09.xml」のようなXMLのファイルになります。XMLはプレーンテキストなので、エディタで中身をみることもできます。

図3-2-4　WordPressから記事をエクスポート

図3-2-5　noteの記事管理画面で、XMLファイルをインポート
「note」の「インポート」と「エクスポートは「記事」の一覧から行う。

インポートを行なうと、即座に反映されるわけではなく、数分待たされます。
そのため、インポートの開始と完了のそれぞれでメールに通知が届くように
なっています。

図3-2-6　　インポートされた記事はいったん下書き扱いに

インポートが完了しても即座に公開されるわけではないので、ゆっくりと内
容をチェックできます。

■エクスポート機能を使う

「note」のエクスポート機能は、すべての記事を一括してダウンロードして、1つのXMLファイルと画像ファイルがZIP圧縮された状態になります。

現状、1つの記事で1つのXMLファイルにすることはできません。

エクスポートの処理に時間がかかるため、エクスポートを指示するとメールで通知が届き、エクスポートが完了すると、再度メール通知が届きます。

完了通知のメールにダウンロード先のURLがあるので、それをクリックしてダウンロードします。

ダウンロードは3回まで可能で、期限は一週間となっています。

ダウンロードファイルは「5f0ab0184628b1dc5182a78fe44fd81682c7e10c4bc086965d24ecad153f8962.zip」のようなファイルであり、Windowsであればそのまま展開することができます。

*

エクスポートされるデータには、「みんなのフォトギャラリー」を利用した見出し画像や、記事に対する第三者のコメントなどは含まれません。なぜなら、これらの情報は、記事を書いた人以外の人の著作権だからです。

「note」に書いた記事はあくまでも書いた人に権利があり、記事のデータには著作権があるので自由に扱うことができます。

しかし、そこに他人の著作物が含まれると、権利問題が発生するのでエクスポートの対象外としているのでしょう。

3-3 テキスト入力には「サクラエディタ」

筆者が長年愛用している、「サクラエディタ」というツールを紹介します。

「サクラエディタ」とは何か

「サクラエディタ」は、Windows対応の「テキストエディタ」です。フリーソフトウェアとして一般公開されているため、無償で利用可能です。

サクラエディタは「C++」で開発され、ソースコードも公開されているオープンソース・ソフトウェアです。

サクラエディタの最新バージョンは、下記GitHubで公開されています。

https://sakura-editor.github.io/

図3-3-1 サクラエディタのホームページ

サクラエディタの開発は、長らく「SourceForge」で行なわれていましたが、2018年に「GitHub」に移行しました。

最新バージョンは2017年に「SourceForge」でリリースされた 2.3.2.0 です。GitHubでは 2.4.0 ベータ版が公開されています。

> ※2023年3月現在、2.4.2 が正式バージョンとして公開。

「サクラエディタ」との出会い

筆者はWindows95からのユーザーですが、昔は今ほどテキストエディタの種類が豊富ではありませんでした。

Windows標準の「メモ帳」や「ワードパッド」は、ちょっとした文書を書くことはできますが、業務に常用するには不向きです。

*

当時はWindowsのソフトウェアで個人開発されたものには、シェアウェアという有償の製品が多くありました。

今ではソフトウェアは無料で使えるのが一般的ですが、昔は「ソフトウェアはお金を出して買うもの」という文化だったのです。

時代は変わりました。それだけ需要に対する供給が増加したということであり、タダでもいいからソフトウェアを使ってもらわないと商売にならない、ということなのではないかと考えられます。

*

パソコン用ソフトウェアならまだしも、スマホを見ていると星の数ほどアプリ(ソフトウェア)が公開されています。

どれもこれも無料で使えて、課金すると広告表示が消えるというビジネスモデルを採用しているのがほとんどです。

昔に比べて、ソフトウェアの開発の難易度が下がったこと、開発者が増えたこと、スマホをビジネスのターゲットとしている人たちが増えたことが要因で、ソフトウェアの数が増えました。ユーザーから見れば嬉しい話です。

*

さて、話を元に戻して、筆者が新人のころ、職場で使っていたパソコンはWindows98やWindowsNT4.0でした。

会社として、とある商用のテキストエディタが導入されていたのですが、バージョンが古いこともあって、少々使いにくく、週報を書くのに使っていました

が、ソースコードを書くとなると、さすがにしんどいのです。

＊

そこで、筆者が所属していた職場では、「秀丸エディタ」というシェアウェアが大人気でした。

今現在でも「秀丸エディタ」のファンは多いのかもしれません。しかし、残念なことに、職場で最大20個のライセンスを購入していたのですが、新人で若手である筆者の分は、すでに余っていませんでした。

「秀丸エディタ」は、インストールすると、試用期間の間は無料で使えて、試用期間を過ぎると課金する必要がありました。

試用期間を過ぎてもポップアップが出てくるだけなので、こっそり使い続けようと思えばできるのですが、さすがにそれは違法行為なので、問題です。

そのようなことが世間に明るみにでたら、企業の信頼は一気に失墜します。違法行為をした社員は、何らかの処分を受けることになるでしょう。

そこで、「秀丸エディタ」の代替として、「サクラエディタ」の存在を知ったのが、使うきっかけでした。

「サクラエディタ」は「秀丸エディタ」と操作感が似ていて、使いやすいこと、なにより商用利用も無償でよいのがポイントです。

フリーソフトでも個人利用だけが無償で、商用利用は不可とされているものもあるので要注意です。

＊

ということで、本当は(当時)流行の「秀丸エディタ」を使いたかったけれど、お金の関係で、「サクラエディタ」を使うようになったのがきっかけでした。

もしかすると、筆者と同じ理由で「サクラエディタ」を使っている方も多いかもしれませんね。

「サクラエディタ」の登場は1998年であり、20年来のソフトウェアで歴史があります。筆者のエンジニア人生とともに歩んできた感があります。

今現在でも、「サクラエディタ」は愛用していて、主に原稿を執筆するために使っています。月刊I/Oの原稿も、「サクラエディタ」を使って書いているのです。

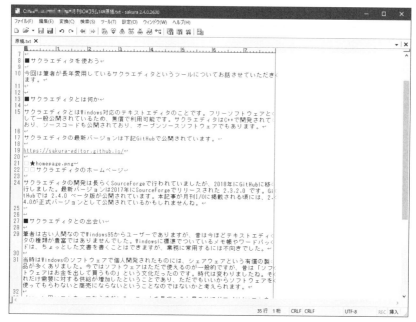

図3-3-2　サクラエディタの画面イメージ

＊

　ボランティアベースでやっているオープンソース・ソフトウェアは、開発の歩みが遅い、いつの間にか開発が止まってしまっている、ということがよくあります。

　しかし、「サクラエディタ」に関しては、途中なんどか更新が停滞し、その度に開発者も入れ替わっていますが、今現在においてもアップデートが続けられています。大変素晴らしいことだと思います。

　現在、テキストエディタは多種多様で用途に応じて使い分けていますが、そのうちのひとつとして、「サクラエディタ」をこれからも使っていきたいですね。

「サクラエディタ」のインストール

「サクラエディタ」で検索すると、いくつかのサイトが見つかりますが、GitHubで公開されているものが最新版となります。間違えないようにしましょう。

ただし、原稿執筆時点では2.4.1が最新版となっています。

https://github.com/sakura-editor/sakura/releases

上記サイトで「▼Assets」を開くと、ダウンロードするファイルを選べます。

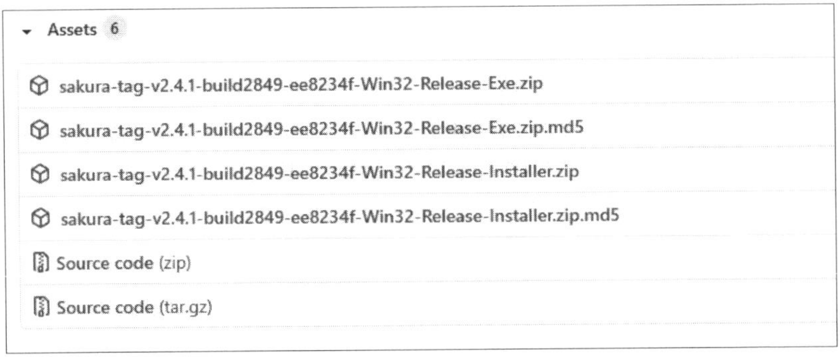
Assets 6
sakura-tag-v2.4.1-build2849-ee8234f-Win32-Release-Exe.zip
sakura-tag-v2.4.1-build2849-ee8234f-Win32-Release-Exe.zip.md5
sakura-tag-v2.4.1-build2849-ee8234f-Win32-Release-Installer.zip
sakura-tag-v2.4.1-build2849-ee8234f-Win32-Release-Installer.zip.md5
Source code (zip)
Source code (tar.gz)

図3-3-3　ダウンロードファイルの一覧

ここでは、「sakura-tag-v2.4.1-build2849-ee8234f-Win32-Release-Installer.zip」をダウンロードします。サクラエディタのインストーラになります。ZIPファイルを展開すると、「sakura_install2-4-1-2849-x86」という実行ファイルがあるので、それを使ってインストールを行います。

※ダウンロードする時期によって、バージョン（ファイル名の文字や数字）が変わっている場合があります。

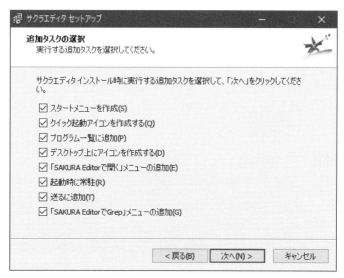

図3-3-4　インストール時のオプション

インストール時のオプションには、さまざまなものがありますが、バージョン2.4の新機能として、【「SAKURA EditorでGrep」メニューの追加】というオプションが新しく増えています。

このオプションを有効にすると、フォルダに対してエクスプローラの右クリックメニューに「SAKURA EditorでGrep」というメニューが追加されます。

図3-3-5　フォルダからgrepできる

このメニューを使うと、「サクラエディタ」のgrep機能を使って、フォルダ内のファイルを検索できて、とても便利です。

　「grep」（ぐれっぷ）というのは、キーワードを使ってフォルダ内にあるファイルの中身を検索する機能の名称です。元々は、UNIX用語です。

「サクラエディタ」の便利な機能

　「サクラエディタ」にはたくさんの機能がありますが、その中からいくつかピックアップして紹介します。

■タブ

　設定メニューの「タブバーを表示」を選択すると、タブが出現します。たくさんのファイルを開いて編集したい場合、サクラエディタのウィンドウが単体で起動するのが煩わしい場合はタブ機能を使うと便利です。

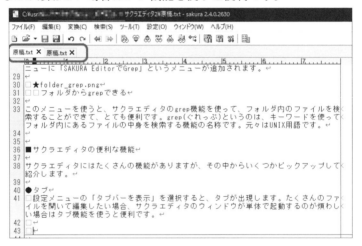

図3-3-6　タブバー

　しかしながら、2つのウィンドウを単体で表示して、それぞれを見比べたい場合があります。

　その場合は、タブの部分をマウスでウィンドウの外へドラッグすると、そのタブだけ別のウィンドウにすることができます。

　反対に、単体のウィンドウをタブに含ませたい場合は、マウスでタブがあるウィンドウへドラッグするとタブ化できます。

■GREP

検索メニューから「Grep」を選択するか、キーボードショートカットで「CTRL+G」と入力すると、GREPを行うダイアログが出てきます。

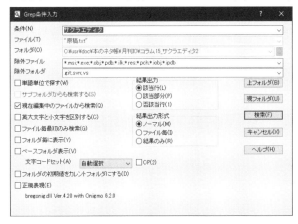

図3-3-7　GREPの検索画面

GREPは検索対象として、現在開いているファイルを対象とすることができます。その場合は「現在編集中のファイルから検索」にチェックを入れます。「条件」には検索キーワードを記入します。「検索」ボタンを押すと、ファイルに対する検索が実施されます。

図3-3-8　GREPの検索結果

　「GREP」の検索結果には、検索キーワードがヒットした行が色つきで出力されています。

　検索で見つかった行をマウスでダブルクリックすると、該当する行にジャンプすることができます。

　マウス操作ではなく、該当する行の上でキーボードから[**F12**]を押すことでもジャンプできます。
　ジャンプ先から、元の「GREP結果」に戻るには、[**SHIFT**]+[**F12**]で戻れます。このようなジャンプのことを「タグジャンプ」、「バックジャンプ」と言うこともあります。

＊

　本来、「GREP」による検索は複数のファイルを対象とするものですが、今回のように編集中のファイルを対象とすることもできます。

　単一ファイルの検索では、[**F3**]キーを押して、次々と検索を繰り返していく必要があって手間がかかるのですが、「GREP」を使えばすべての検索箇所を一目で確認できるので便利です。

＊

　「サクラエディタは歴史のあるソフトウェアであり、フリーソフトでもあることから企業内での利用も多いです。商用利用する上でも抜群の安定があり、筆者も愛用しています。機能も豊富でまだまだ知らない機能もあるので、探求していくのも、また楽しみのひとつです。

3-4 Windows95が動く環境を構築した話

「Tera Term」はWindows95をサポートしている

　筆者は、「Tera Term」(テラターム)というターミナルソフトのオープンソース開発を2004年から行なっています。

　2023年3月は、Projectに席は置きつつも、特にこれといった活動はできていません。独立してからボランティア活動に割く時間がなくなってしまいました。

　「Tera Term」は、社会人になって初めて使うようになったソフトウェアで、当時は職場のパソコンがWindows95。世間はWindows95ブームで湧き上がっていましたが、いざ業務で使うには安定性に問題があり、現場では大変なことになっていました。

　Wordでドキュメントを書いていて保存しようとしたら、OSごとクラッシュして、途中まで書いていた内容が失われました。泣きました。

　さらに、なぜかWordのファイルまで壊れていて、二度と開けなくなりました。これは、泣きましたね。

　当時使っていたWordのバージョンが「Word97」という曰く付きで、あまりにも品質がよくないので、すぐに「Word98」がリリースされたという話だそうです。

　「職場ではWord97を使っている」ということに、当時のI/O編集者さんがすごく驚いていたことが印象に残っていて、いまでも覚えています。

＊

　話を「Tera Term」に戻すと、「Tera Term」は元々Windows95をサポートしていました。そして、Windows95サポートを最後に、開発停止となっていました。

　2004年に、筆者がオープンソース化したときは、WindowsXPが登場して、次のVistaが出るまでの長い空白期間(5年)に入ったころでした。

　Windows95はいわゆる「9x」系と呼ばれ、WindowsXPはNT系で、Windowsのカーネルがまったく別物なのですが、Windows自身により、アプリケーショ

ンの互換性が維持されています。

なので、元々Windows95で動いていたソースコードをベースにしていることもあり、オープンソース開発している「Tera Term」においてもWindows95をサポートできています。

2019年のいま、Windows95をサポートすることの意義はありませんが、実はさほど難しくはないです。

環境構築をどうするか

筆者は古い世代の人間なので、Windows95からWindows10までリアルタイムに体験してきています。

当時は自作PCが流行っていたので、自作PCにWindows95を導入していました。

しかしながら、引っ越しの度に不要PCを廃棄してきたので、OSのライセンスは持っていても、物理的なパソコンがもう残っていません。

しかし、今の時代は仮想化環境という便利な仕組みがあります。PCをただのパソコンとしてしか使わない一般人には不要な機能ですが、私たちエンジニアには嬉しい機能です。

*

仮想化環境を使うと、たとえば、Windows10の上で、まるで1つのアプリを扱うかのように、別のOS(WindowsやLinuxなど)を使うことができるのです。

よい時代になったものです。

とはいえ、「仮想化環境」に古いWindowsは導入できるのでしょうか？

実はここで躓きました。

*

最初、仮想化ソフトとして「Hyper-V」を使っていたのですが、まずWindows2000がインストールできませんでした。

セットアップで「BSOD」(死のブルースクリーン)になるのです。

Windows2000が入らないくらいなので、Windows95は夢のまた夢なので、早々に諦めました。

＊

次に、「Virtual Box」を試しました。

「Virtual Box」では公式に古いWindowsをサポートしているようなのです。

Windows2000は一発で導入できました。素晴らしいです。

9x系であるWindows98とMeもすんなり入りました。

ただし、「Virtual Box」の「Guest Additions」は導入できなかったので、共有フォルダなどの機能は使えませんでした。

ところが、本命のWindows95は苦心しました。

覚えている読者もいるかもしれませんが、Windows95はCPUが速すぎると、まともに起動してこないのです。しかし、ネットを探すと、この問題を回避することができるツールが公開されており、起動するようになりました。

＊

次に、OSが起動したものの、エラーが出まくって、まともにログイン画面までいきませんでした。これはセットアップ時にすべてのコンポーネントを選択導入することで改善されました。

Windows95が正常に操作できるようになったものの、デバイスマネージャを見るとびっくりマークがたくさん付いていて、使えないデバイスがありました。

とりあえず、「Tera Term」の動作検証には使えるようになりましたが、なかなか一苦労しました。

それでも、こうして20年以上前のOSがいまでも使えることが凄いです。

3-5　技術文書をアウトプットするということ

ITエンジニアとして、技術文書をアウトプットする意味について考えてみます。

技術文書を書くこと

業務では仕様書や設計書、報告書などさまざまなドキュメントを書きますが、最近は短納期な仕事が増えたので、ドキュメントを書かない、書いたことがないという方も多いと聞きます。

それでは業務とは別にプライベートで「文章を書く」ということについて考えてみましょう。収入（利益を得る）という側面からも着目してみます。

■執筆活動を始めたきっかけ

筆者が学生のころはインターネットというものがなかったので、ITに関する情報を得るには本か雑誌しかありませんでした。

そういえば、ITという言葉も当時はありませんでした。当然、義務教育でもやらないので、書店でしか入手できませんでした。

だからこそ、雑誌の記事や本を書いている人が雲の上のような存在で、先人の知恵を享受することでITの学びができました。そして、いつか自分も書いてみたいと強く思うようになりました。

＊

当時、コンピュータ雑誌は読者投稿を募集していて、プログラムと記事を作って、フロッピーディスクで郵送するのです。

そこで、「Computer Fan」（工学社）という雑誌に人生初の読者投稿をしたところ、奇跡的に採用されたのでした。

1997年のことで、まだ筆者は学生でしたが、とても嬉しかったのを覚えています。たしか、原稿料として図書券3000円分ろ見本誌1冊をいただいた記憶があります。

「本」を書くことの意義

　昨今は出版不況で書店の数も減っていますが、いまだに紙の本の力は強いです。紙の本を一冊出しているだけでも、信頼度が上がり、履歴書にも成果として書けます。

　本の内容が分からなくても、身内(親や兄弟)が買ってくれたりもします。そのため、セルフブランディング(自分自身を売り出す)の手段としても有効です。

＊

　紙の本は印税方式であるため、売れた分だけ利益が発生します。紙の本は絶版がありますが、本を出版するまでの労力だけで、後は不労所得となります。もっとも、本を出すだけではまったく売れないので、売り上げをアップするには別の努力が必要です。

　ちなみに、筆者の場合は本一冊(300〜400ページ)書き上げるのに、300〜400時間かかっています。

　紙の本だとハードルが高いので、電子書籍が人気あります。電子書籍は紙の本のようにページ数を多くしなくてもよいので、手軽に出版することができます。

　また、AmazonのPOD(プリントオンデマンド)の仕組みを利用すれば、書店には並びませんが、紙の本でも売ることができます。

　言い換えると、電子書籍の出版数が半端ないのでレッドオーシャンです。また、市場が紙の本の1/10なので、利益を出していくには相当なブランディングが必要です。

　いずれにしても、今の時代でも本が好きな人は多く、本を書きたい人もまた多いです。それだけ人気があるということであり、箔が付きます。

「Webメディアの記事」を書くことの意義

「Webメディア」に記事を載せるには、通常依頼されて書きます。原稿料はいただけますが、本と違って買い取りなので、印税方式にはなりません。文字数で換算すると、本よりも単価は高いです（格安な案件もあります）。

有名な「Webメディア」だと読者数も多いので、たくさんの人に読んでもらえます。読むほうはタダなので、自分のSNSで告知すれば宣伝にもなります。

ただし、Webメディアは配信元のテイストがあるので、自分の書いた文章をそのまま載せるということはできません。
また、Webメディアは広告収入であるのが一般的なので、広告主に対してマイナスになるような内容も書けません。

酷い言い方をすると、提灯記事と揶揄されることもありますが、そういう言われ方をされるのが嫌な人には向いていません。
ネットの記事はタダで読めるのと同時に、読者が言いたい放題言うのもタダなので、著者にとって向き不向きがあります。

「ブログ」を書くことの意義

「ブログ」は気軽に書ける反面、なかなか読んでもらえないという特徴があります。
ただの文章なのに、前述した「Webメディア」と何が違うのか、と思われるかもしれません。
昔、ブログが流行したとき、著名な人のブログを巡回して読まれていくという流れがありました。

しかし、今はブログ以外にも多種多様なメディアで記事を読むことができるようになったことで、ブログはどこかから検索して読まれるもの、というように変わりました。

そして、そのブログを読んだ人から見れば、どこの誰が書いたものなのかを一切気にしません。読んだ人からすれば、自分の知りたかったことが解決できたら、それで満足なのです。

　ブログをたくさんの人に読んでもらうには、自分自身で宣伝をしなければなりません。Web メディアと比べると知名度が違うのです。

　ブログそのものは収入が発生しないので、基本ボランティアです。ただし、アフィリエイトなどの広告収入を組み合わせることで、利益を得ることはできます。そうは言っても、コツコツと文章を書き続けないといけないので、性格がまめでないと続かないです。

　コンテンツを有料化できる「note」なども最近は人気がありますが、コツコツやっていかないと利益は出ないので、この点はブログと同じです。

＊

　IT技術に特化したブログサービスとしては、「Qiita」(キータ)が有名です。
　「Qiita」ではアフィリエイトなどで収益化することは認められていないので、完全にボランティアになります。
　「Qiita」の特徴としては、読者のほとんどがITエンジニアなので、記事のレベルが高いということです(実際には、玉石混交です)。

　それに呼応して、記事に対するツッコミも激しいです。中には人格批判まがいのコメントをしてくる人もいます。
　さらに、記事がバズると、はてブ(はてなブックマーク)に登録され、誹謗中傷まがいのコメントが付きます。

＊

　以前、筆者が「Qiita」に書いた記事「工数見積もりのコツ」がなぜかバズったのですが(ページビューは10万超え)、前述したような反応があって、まるで2chのような匿名掲示板で叩かれている気分でした。
　今思えば、ただの笑い話です。

＊

　どういう形で世の中に自分の名前で作品を公開すると、いろんな反応がつきます。賞賛もあれば批判もあります。逆に言えば、それだけ多くの人に見てもらえているという証拠でもあります。何も反応がないというのは、誰も読んでいないということですから。

　自分に向いていることを選択するのが、おすすめです。

3-6　韓国語を学んだ

　筆者は韓国語(ハングル)を勉強中です。今回は韓国語とはどういう仕組みなのかについてお話しします。

そもそもなぜ韓国語なのか

　筆者は、日本語以外には英語が多少分かる程度で、学生時代に第2外国語としてドイツ語を学びましたが、もう忘れてしまいました。

　英語もそうですが、語学は常に使っていないと、まったく分からなくなります。

　そんなある日、取引先での業務でテスト項目に「韓国語」が出てきたのです。

　機器の表示が韓国語で、その表記が期待どおりかどうか目視確認するというものでした。

　そのとき、韓国語はさっぱり分からなかったのですが、テスト項目表に書かれている韓国語と見比べることで、正しいかどうかの判別はできました。

テスト項目：반환 機器の表示：복귀

図3-6-1　テストで出てきた韓国語

　なんだかニョロニョロな記号で構成されていてよく分かりませんが、じっくりと観察してみることで、同じ文字かどうかは分かります。

　しかしながら、この時感じたことは、取引先から要求されたテスト作業は完遂できたけれども、テスト項目表に機器に表示された文字（복귀）が記載できなかったのが、エンジニアとして敗北でした。

＊

　韓国語をしゃべれるようになりたいわけではないのですが、せめてキーボードから入力できるようになりたいと思いました。

　それが学びのきっかけです。人間は必要に迫られないと学ばない生き物ですが、どこに好奇心をもつか、ということも大切なのかな、と考えるようになりました。

　Windowsは多言語に対応しているので、日本語版Windowsにおいても韓国語を入力できるはずです。そのやり方を調べることも兼ねて、韓国語の勉強を始めることにしました。

韓国語は意図的に作られた言葉

　日本語などの話し言葉は遠い昔から以心伝心で語り継がれたものですが、韓国語はそうではなく、意図的に考えて作られた言葉なのです。

　元々、朝鮮には漢字の文化はありましたが、漢字を習得できない民が多かったことから、簡単な記号を組み合わせた言葉として韓国語が誕生しました。

　世宗（セジョン）という朝鮮王が1443年に作り、1446年に訓民正音（くんみんせいおん）という書物で公布されました。韓国語のことを現地の発音で「ハングル」と言います。

　つまり、韓国語には訓民正音という仕様書があるのです。仕様書の意味を理解すれば、韓国語を読むことは比較的容易です。

＊

　ちなみに、韓国語を作った世宗さんは、韓国のお札になっています。韓国のお札では1万（単位はウォン）がもっとも高いお札で、そこに世宗さん（想像図）が掲載されています。

図3-6-2　1万ウォン札

最大３つの組み合わせしかない

　韓国語の文字を見ると、何やらよく分からない記号で書かれていますが、そこには意外にシンプルな規則があります。

　たとえば、巷で売っている韓国のりのパッケージには以下のような文字が書いてあります。

돌김

돌김

図3-6-3　韓国のりのパッケージ文字

　「돌김」の発音はトールキムであり、日本語訳では岩のりです。
　単に「のり」と訳すこともあります。のりと言った場合、該当する文字は「김」になります。この文字を分析してみることにします。

　「김」という文字は3つのパーツから構成されており、「子音＋母音＋子音」の組み合わせになります。文字によっては「子音＋母音」になったり、他の組み合わせになるものもありますが、基本は3つの組み合わせです。

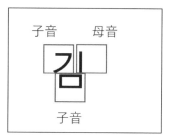

図3-6-4　김の組み合わせ

ひとつのパーツは反切表（はんせつひょう）を参照することで「読み」が分かります。反切は「はんきり」ではなく、「はんせつ」と発音します。

母音字／子音字		ㅏ アa	ㅑ ㇔ja	ㅓ オɔ	ㅕ ㇖jɔ	ㅗ オo	ㅛ ㇖jo	ㅜ ウu	ㅠ ㇕ju	ㅡ ウw	ㅣ イi
ㄱ	k, g キヨク	가 カ/ガ	갸 キャ/ギャ	거 コ/ゴ	겨 キョ/ギョ	고 コ/ゴ	교 キョ/ギョ	구 ク/グ	규 キュ/ギュ	그 ク/グ	기 キ/ギ
ㄴ	n ニウン	나 ナ	냐 ニャ	너 ノ	녀 ニョ	노 ノ	뇨 ニョ	누 ヌ	뉴 ニュ	느 ヌ	니 ニ
ㄷ	t, d ティグッ	다 タ/ダ	댜 ティヤ/ディヤ	더 ト/ド	뎌 ティヨ/ディヨ	도 ト/ド	됴 ティヨ/ディヨ	두 トゥ/ドゥ	듀 テュ/デュ	드 トゥ/ドゥ	디 ティ/ディ
ㄹ	r, l リウル	라 ラ	랴 リャ	러 ロ	려 リョ	로 ロ	료 リョ	루 ル	류 リュ	르 ル	리 リ
ㅁ	m ミウム	마 マ	먀 ミャ	머 モ	며 ミョ	모 モ	묘 ミョ	무 ム	뮤 ミュ	므 ム	미 ミ
ㅂ	p, b ピウブ	바 パ/バ	뱌 ピャ/ビャ	버 ポ/ボ	벼 ピョ/ビョ	보 ポ/ボ	뵤 ピョ/ビョ	부 プ/ブ	뷰 ピュ/ビュ	브 プ/ブ	비 ピ/ビ
ㅅ	s シオッ	사 サ	샤 シャ	서 ソ	셔 ショ	소 ソ	쇼 ショ	수 ス	슈 シュ	스 ス	시 シ
ㅇ	Φ イウン	아 ア	야 ヤ	어 オ	여 ヨ	오 オ	요 ヨ	우 ウ	유 ユ	으 ウ	이 イ
		자	쟈	저	져	조	죠	주	쥬	즈	지

図3-6-5　反切表

「김」の左上の「ㄱ」は、反切表で子音字のいちばん最初の文字です。右上の「ㅣ」は反切表の母音字のいちばん右の文字です。つまり、このふたつで「기」となり「キ」と発音することになるのです。

次に「ㅁ」は反切表の子音字の「m」になります。先ほどの、「기」と合わせて「キム」と発音することになります。

　このように、ひとつの文字を、反切表を見ながら解読すれば、読み方が分かります。また、パソコンのキーボードから入力する場合においても、パーツをひとつずつ打ち込むことで、韓国語の文字を入力することができます。

　韓国語を理解するには、最初に反切表の読み方を知ることが大切です。

　反切表は、韓国語の入門書に付録として付いています。インターネットでも検索すると、反切表が見つかります。

　韓国語をすらすらと読めるようになるためには、反切表を丸暗記する必要がありますが、ひとまず読むだけであれば、反切表を見ながらで充分です。

＊

　韓国語というと象形文字のようで、習得はかなり難しいのではないかと思っていた方々も多いでしょうが、案外シンプルな仕様になっていることにビックリでした。

　今回はパソコン上でどうやって韓国語を扱うかについてです。

パソコンで韓国語を扱うためには

　本記事では、Windowsを想定します。「テキストエディタ」を使って韓国語を扱えるようにするためには、どうすればよいのでしょうか。

　まずは、テキストエディタで扱う文字コードを「Unicode」(UTF-8)にする必要があります。Windowsではデフォルトでシフト JIS になることがありますが、シフト JIS では韓国語を表現できません。

　韓国語を表示するだけであれば、文字コードの設定にだけ注意していれば、特に何もしなくてもよいです。しかし、韓国語をキーボードから入力するためには「IME」(Input Method Editor)の設定が必要となります。

　Windows10では、「すべての設定」から「時刻と言語」で「言語」を選び、「優先する言語を追加する」をクリックします。インストールする言語として韓国語を選択します。

図3-6-6　優先する言語を追加する

インストールする言語を選択してください

korea

한국어
韓国語

表示言語　　　　音声合成
音声認識　　　　手書き

次へ　　　　キャンセル

図3-6-7　韓国語をインストーする

　ここで注意する点として、「言語機能のインストール」で「表示言語として設定する」にチェックを入れないということです。

　表示言語に設定してしまうと、Windowsの表示言語が韓国語になってしまいます。元の日本語に戻そうとしても、韓国語が読めないと設定場所がよく分からず苦労します。

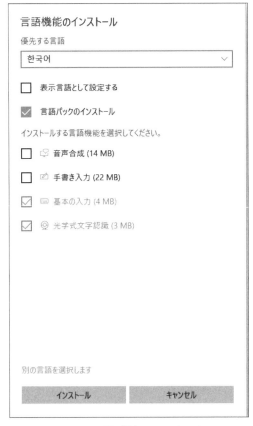

図3-6-8　言語機能のインストール

ここまでの設定が完了すると、韓国語版IMEを使えるようになります。

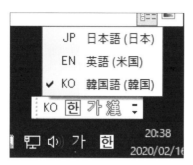

図3-6-9　IMEから韓国語を選べる

このように、Windows10/11では多言語対応が容易なので、たとえば英語版のマニュアルを作成するために、Windowsを英語表記に変えることも簡単にできます。

昔のWindowsは、英語版Windowsを入手する必要があったのでハードルが高かったですね。

第**4**章

Windows版「xeyes」を作る

マウスを動かすとマウスカーソルを追って、目玉（視線）を向ける「xeyes」というアプリで、見たことがある方も多いでしょう。

*

本章では、Windows版「xeyes」を作ろうとしたきっかけと開発についてお話します。

4-1　　　　　　　　「xeyes」というアプリ

「xeyes」というアプリをご存知でしょうか。I/O読者なら知っている人も多そうですが、以下のようなアプリです。

図4-1-1　「xeyes」の動作例

「xeyes」とはなにか？

「Ubuntu」には標準で導入されているので、デスクトップの端末から、

```
# xeyes &
```

と実行してみましょう。

　「xeyes」は、マウスを動かすと、マウスカーソルがある位置に、視線を向ける動きをします。
　一見すると、ジョークソフトに見えるかもしれませんが、「LPIC」などの試験に「xeyes」が出てくるそうなので、名前だけは知っている人も多いようです。

＊

　私が大学生のころ、1990年代といえば、扱うコンピュータといえばUNIXワークステーションでした。パソコンもありましたが、MS-DOSというCUIのOSで、Windows95が登場する前です。

　UNIXワークステーションはマウスで操作できるGUI画面であり、マルチウィンドウが使えたのですが、マウスカーソルがどこにあるかが見づらいという問題がありました。
　そこで、この問題を解決するために「xeyes」というアプリが活躍していました。

　私は大学の演習で出された課題をやるため、卒論を書くため、インターネットやプログラミングを嗜むため、「xeyes」とともにUNIXワークステーションを使っていたのでした。

＊

　大学を卒業して就職してからは、HP-UXやLinuxといったUNIX系OSを使うようになりましたが、コマンドライン操作でのみ使うようになったことで、GUIを使う場面がなくなりました。

「SSH」の「X11転送」の確認をしていた

　先日、Microsoftの「Windows Terminal」というターミナルソフトの導入と設定をしていました。

　「Windows Terminal」は、「OpenSSH」と組み合わせて使うことで「X11転送」ができます。WindowsにXサーバを導入して、「X11転送」のテストをしていました。
　このとき、「Ubuntu」で「Xアプリケーション」を動かす必要がありましたが、久々に「xeyes」を使いました。
　そこで思ったのが、「若いころは、xeyesを使うことはもうないだろうと考えていたが、老眼が進むと案外需要があるんじゃないかなぁ」ということでした。

　私も40代後半になって、老眼が進みディスプレイの文字が見づらくなってきました。そんな話をTwitterでつぶやいたら、なぜかバズったのです。

図4-1-2　バズったときのツイート。インプレッション39万
https://twitter.com/yutakakn/status/1558802216588558346

さまざまな反応があったのですが、その中に「Windowsで動くxeyesがほしい！」という意見があり、冗談か本気かは分からないのですが、私はこの意見に興味をもちました。

「xeyes」は探すとたくさんある

　ネットで検索すると、いろいろなプラットフォームで動く「xeyes」または類似ソフトウェアが見つかります。

　昨今では、「JavaScript」で実装している人が多いようです。この段階では、私は「xeyes」をどう実装しているのか知らなかったのですが、実はそれほど難しくないようです。

　ソースコードのボリュームも小さくて作りやすいから、作っている人が多いのでしょう。

＊

　さて、Windowsで動く「xeyes」となると、確か昔からあったはずです。私も記憶が曖昧なので、ネットで調べてみました。

《xeyes for Win》

https://www.vector.co.jp/soft/win95/amuse/se437253.html

　「xeyes for Win」は国産のフリーソフトで、READMEを読むと日本語プログラミング言語「なでしこ」で開発したとありました。
　最終リリースが2007年なので、Windows Vistaまでの対応。ちょっと古いですが、Windows 10でも動きました。

《WinEyes》

https://sourceforge.net/projects/wineyes/

　「WinEyes」は海外製のフリーソフトで、オープンソース・ソフトウェアでもあります。
　最終リリースが2014年と古いですが、Windows 10でも動きました。このソフトウェアは外観からしても、「Ubuntu」の「xeyes」に似せて作ってあるようでした。

既存のソフトウェアに対する不満

Windowsで動く「xeyes」はすでに存在しているので、これで課題は解決です。

しかし、この話は終わりませんでした。「WinEyes」を使ってみると、以下に示す不満を感じたのです。

・デフォルトで「常に手前に表示」ではないので、すぐにアプリが隠れてしまい、どこにいったか分からなくなる。
・メニューバーを表示したときに目玉の背景が透過になっていない。
・描画がおかしくなるバグが残っている。
・コマンドラインで座標が指定できない。

これでは、「Windows版のxeyesがほしい」と言っていた方にオススメするのは、ちょっと難しいなと思いました。

「WinEyes」の動きを見ていると、基本的な部分の実装は出来上がっていて、これからいろいろ改修していこうとして、そのまま開発が停止しまっているようにも感じました。

もっとも、「開発」と言うと聞こえはいいですが、営利目的で仕事として取り組んでいるわけではなく、個人的な趣味のレベルで作られたものだと思われます。

ボランティア活動に社会的な責任はないので（あってもいいのですが）、人様が作ったものをとやかく言うのは、プロの技術者として恥ずべきことです。

そこで、私は「WinEyes」を改修してみることにしました。

ここからは、どのようにして既存のOSSを改修していったのか、その手順とノウハウについて紹介します。

＊

ちなみに、改修した「WinEyes」は、私のGitHubで公開中です。

https://github.com/yutakakn/xeyes

YouTubeにアプリの動画もあげています。

https://www.youtube.com/watch?v=SOXo-uvGuJY

4-2　　　　　　　ソースコードを調査

　ここまで、Windowsで動く「xeyes」を作ろうというテーマで、既存のOSS
を活用していくお話をしてきました。

*

　ここからは、OSS※のソースコードを調査していくフェーズに入ります。

> ※「OSS」(Open Source Software)：オープンソース・ソフトウェアとは、作成
> 者がソースコードを無償で公開していて、利用や改変、再配布が自由に許可さ
> れているソフトウェアのこと。

なつかしのCVS

　何はなくとも、ソースコードを読んでみて、自力でできるかを確認する必要
があります。そもそも、自分がまったく知らないプログラミング言語で作って
あったら、そこで試合終了です。

　既存のOSSである「WinEyes」のWebサイトをみてみると、ソースコードは
CVSリポジトリで管理されており、CVSコマンドで取得できると書いてあり
ました。

　なんと、CVSです。懐かしいですね。しかし、私はもう使い方を忘れてし
まいました。

*

　「CVS」(Concurrent Versions System)というのは、かつて一世を風靡した
リポジトリ管理ツールです。

　若い人は聞いたこともなければ、使ったこともないと思います。私が初めて
リポジトリ管理ツールを使ったのは、「HP-UX」という商用OSで、「RCS」
(Revision Control System)でした。「RCS」をベースに改良したのが「CVS」です。

　「RCS」では、1つのファイルを修正している間は、そのファイルがロックさ
れた状態となるため、他の人が同じファイルを同時に編集することができませ
んでした。開発者が少ない場合はこれでも問題ないですが、開発者が多くなり、
共通のソースファイルを複数人で修正する必要がある場合は、開発効率を落と
す要因となります。

　CVSでは、この点を解決して、複数人が同じファイルを同時に修正できるようにしました。

　ただし、修正箇所が重複した場合はコンフリクトが発生するので、手動での競合修正が必要です。コンフリクトによる手修正はgitでもあります。

　当時の案件はファームウェア開発で、開発環境がWindows。
　Windowsで動く「WinCVS」というツールがあり、GUIで操作できるので、コマンドラインで操作するしかなかった「RCS」と比べたら、快適さが桁違いでした。

　そんな「CVS」ですが、コミットがリポジトリ全体ではなくファイル単位という仕様でした。タグ付けもファイル単位です。そのため、リポジトリ全体に対してタグ付けをするには、全ファイルを選択して一括して行なう必要があります。
　ときどき、タグ付けに失敗して、1つのファイルにしかタグがついていないという事故が起こりました。

＊

　それからしばらくして、Subversion(SVN)という新たなリポジトリ管理ツールが登場。「CVS」の問題点を改善して、コミット単位もタグ付けもリポジトリ全体になりました。

　私はいまでも「SVN」は使っていて、さほど不満はないのですが、リポジトリ管理情報がサーバにあるので、コミット間の差分(diff)をみるのに時間がかかるという欠点があります。
　また、サーバがダウンしていると、リポジトリが一切見られなくなるという問題点もあります。

　こうしたSVNの不満点を解消したのが、「git」です。今では、「git」は業界標準的に使われていて、私自身もとある開発案件で、「git」を使っています。

ソースコードを取得する

CVSリポジトリにアクセスをして、ソースコードを取得するためには、cvs コマンドが必要です。

「Ubuntu 22.04」にはデフォルトで入っていないので、コマンドを導入する必要があります。

```
# sudo apt install cvs
```

cvsコマンドを使ってリポジトリからソースコードを取得するには、次のようにします。これを「チェックアウト」と言います。

「co」というのは「Check Out」の意味です。gitでいえばクローン(clone)に近いと思います。

```
# cvs -z3 -d:pserver:anonymous@a.cvs.sourceforge.net:/
cvsroot/wineyes co -P WinEyes
```

ときどき、「Operation not permitted」エラーでコマンドが失敗することもありますが、ソースコード一式が取得できます。

```
# ls WinEyes/
CVS/  README.txt  resource.h  wineyes.cpp  wineyes.h
wineyes.ico  wineyes.rc  wineyes.sln  wineyes.vcproj
```

別の方法として、rsyncコマンドを使うやり方もあります。

```
# rsync -ai a.cvs.sourceforge.net::cvsroot/wineyes/ repo
```

このコマンドでは、リポジトリ管理情報がそのまま取得されます。そのため、そのまま覗いてもソースコードとしては読めません。

```
# ls repo/
CVSROOT/  WinEyes/
# ls repo/WinEyes/
README.txt,v  resource.h,v  wineyes.cpp,v  wineyes.h,v
wineyes.ico,v  wineyes.rc,v  wineyes.sln,v  wineyes.
vcproj,v
```

上記のディレクトリに対して「チェックアウト」することで、ソースコードが取得できます。

```
# cvs -d /home/yutaka/tmp/repo co .
# ls WinEyes/
CVS/  README.txt  resource.h  wineyes.cpp  wineyes.h
wineyes.ico  wineyes.rc  wineyes.sln  wineyes.vcproj
```

ソースコードを精査する

「WinEyes」のソースファイルは、以下のように構成されていました。

README.txt	ドキュメント
resource.h	リソースのヘッダファイル
wineyes.cpp	メイン・プログラム
wineyes.h	ヘッダファイル
wineyes.ico	アイコン
wineyes.rc	リソースファイル
wineyes.sln	Visual Studio構成ファイル
wineyes.vcproj	Visual Studio構成ファイル

プログラムのソースコードとしては、実質「wineyes.cpp」のみです。

このソースファイルを開いてみると、コメントや空行も含めて500行未満と短いようです。拡張子は「C++」になっていますが、中身はC言語でした。

Windowsの開発環境も時代とともに変化が激しいのですが、このプログラムは、昔むかしながらの「Win32 API」を使った実装になっています。

プログラムの行数も少ないですし、得意のC言語なので、これならなんとかなりそうです。モチベーションが上がってきました。

4-3　　　　　　　　実際に動かしてみよう

4-2節では、「xeyes」のオリジナルのソースコードを取得できました。
今節では、自分でビルドしてみて、実際に動かしてみることにします。

プログラムを動かすために必要なこと

パソコンでソフトウェア(プログラムともいう)を動かすためには、まずはソースコードを作る必要があります。

ソースコードを一般人向けに説明することは大変難しいのですが、ソフトウェアの設計図や設計書のようなもの、という表現がメディアではよく使われます。

ソースコードはあくまで人間が読み書きするためのもので、実態としては単なるテキストファイルです。

パソコン上でソフトウェアを動作させるためには、プロセッサ(CPU)が解釈する機械語(マシン語ともいう)に変換する必要があります。

CPUが理解できる言語は機械語であり、人間が手作りしたソースコードではないのです。

「Perl」や「Python」、「JavaScript」などのスクリプト言語は、ソースコードを処理するプログラムが別途必要であり、このようなプログラムのことを「処理系」や「インタープリタ」などと呼んでいます。

スクリプト言語の処理系は、ソースコードを読み取りながら、随時機械語に変換することで、ソフトウェアとしての動作を実現しています。

＊

「xeyes」は、「C/C++」で実装されています。

それでは、「C/C++」といったプログラミング言語の場合はどういう扱いになるのでしょうか。

「C言語」や「C++」、「Rust」などのプログラミング言語は、「コンパイラ」と呼ばれるプログラムを使ってソースコードから機械語に変換をして、実行プログラムを作ります。

　その実行プログラムを起動することで、ソフトウェアとして動作することになるわけです。「スクリプト言語」の対語として、「コンパイラ言語」と呼ぶこともあります。

　「コンパイラ言語」の場合、「実行プログラム」さえあればソフトウェアとして動かせるので、ソースコードは不要です。

　換言すると、ソースコードを紛失すると、二度と実行プログラムを作ることができなくなります。
　まれに、「ソースコード」がどこにあるか分からず、「実行プログラム」である「バイナリファイル」しか手元にないということがあります。

　家庭用ゲームソフトの場合、開発が終了するとソースコードも何もかも破棄していたそうです。今ではちょっと考えられないことです。

ソースコードをビルドする

　既存のソフトウェアを改修するには、まずは自分で動かしてみることでプログラムの動作を理解するところから始まります。

　「C/C++」で作られたソースコードを機械語に変換することを、「コンパイル」(Compile)や「ビルド」(Build)と呼びます。

　用語としてはどちらを使っても相手には通じますが、Microsoftはビルドという用語が好きなようです。

　ところで、「C/C++」のソースコードをコンパイルするには、どんなコンパイラを使えばよいのでしょうか。
　WindowsではMicrosoftの「Visual Studio」(Visual C++)が定番です。
　かつてはBorlandのコンパイラも競合製品として人気でしたが、それも昔の話となりました。フリーのコンパイラでは「MinGW」などがあります。

　「xeyes」は「Visual C++」でコンパイルすることを想定して作られています。

「Visual C++」は有償の製品なので、当然のことながらお金を出して買う必要があります。

　ただ、Linuxなどで使われるコンパイラは無償で使うことができます。なぜ、Microsoftの製品は有償なのか？ということは、ずいぶん昔から言われてきました。

　そういった背景もあり、制限はあるものの個人利用などの限定的な用途であれば、「Visual C++」を無償で利用することができるようになっています。

　「xeyes」のソースコードを見ると、「wineyes.sln」というファイルがあります。このファイルはソリューションファイルといい、拡張子の「sln」は、Solutionの意味になります。

　テキストファイルなので、そのままテキストエディタで開いてみましょう。

リスト　wineyes.sln

```
Microsoft Visual Studio Solution File, Format Version 10.00
# Visual Studio 2008
Project("{8BC9CEB8-8B4A-11D0-8D11-00A0C91BC942}") =
"wineyes", "wineyes.vcproj", "{DA06D78B-F7E6-4BB4-886F-
A5E354BF7A19}"
EndProject
Global
    GlobalSection(SolutionConfigurationPlatforms) =
preSolution
        Debug|Win32 = Debug|Win32
        Release|Win32 = Release|Win32
    EndGlobalSection
    GlobalSection(ProjectConfigurationPlatforms) =
postSolution
        {DA06D78B-F7E6-4BB4-886F-A5E354BF7A19}.Debug|Win32.
ActiveCfg = Debug|Win32
        {DA06D78B-F7E6-4BB4-886F-A5E354BF7A19}.Debug|Win32.
Build.0 = Debug|Win32
        {DA06D78B-F7E6-4BB4-886F-A5E354BF7A19}.
Release|Win32.ActiveCfg = Release|Win32
        {DA06D78B-F7E6-4BB4-886F-A5E354BF7A19}.
Release|Win32.Build.0 = Release|Win32
```

```
        EndGlobalSection
        GlobalSection(SolutionProperties) = preSolution
            HideSolutionNode = FALSE
        EndGlobalSection
    EndGlobal
```

「Visual Studio 2008」という文字列があることから、Visual Studio 2008でビルドされていたことが分かりました。

2008というのは西暦なので、2008年に発売されたVisual Studioのバージョンということです。

そのため、「Visual Studio 2008」を使ってビルドするのが確実です。しかし、いまは2023年。15年前の製品なのでもう販売されていないですし、メルカリなどで中古品を手に入れてもしょうがないでしょう。違法コピーとまでは言えないものの、ライセンス的にグレーです。

やはり、最新のVisual Studioでビルドできるなら、それに越したことはないです。幸いにもVisual Studioは、古いバージョンの「.slnファイル」を開くことができます。ビルドに使うプロジェクトファイルを、自動でバージョンアップしてくれるのです。

＊

実態としては、新しいVisual Studioで古いプロジェクトファイルを開くと、ほとんどのケースでは変換はうまくいくのですが、ときどき変換ミスが入り込むことがあります。

その場合、新しいVisual Studioで警告やエラーが出るので、その内容をチェックすれば問題は解決できます。
大半は、ネットで検索すれば解決策が見つかります。

最近流行りの「ChatGPT」（AIチャットサービス）を使うと、解決策がすぐに見つかるのかもしれません。私はまだ「ChatGPT」を使ったことはないです。

「Visual Studio 2022」で「.sln」ファイルを開くと、バージョンが下記のように変わりました。

```
# Visual Studio Version 17
VisualStudioVersion = 17.3.32804.467
```

どうやら、「Visual Studio」のバージョンを西暦で表わすのは止めたようです。

かつては、「Visual Studio」は、Windowsと同様数年おきに販売されていました。「Visual Studio」は途中のバージョンから、リリースモデルが変わり、Windows10のように頻繁に更新がなされるスタイルになりました。

下記のMicrosoftのサイトで、上記バージョンがいつリリースされたのか分かるようになっています。

https://learn.microsoft.com/ja-jp/visualstudio/install/visual-studio-build-numbers-and-release-dates?view=vs-2022

ビルドが成功したら

「Visual Studio」を使ってビルドができたら、実行ファイル(.exe)が生成されます。このファイルをエクスプローラから起動できたら成功です。

ソースコードを自分でビルドできるようなれば、あとは好きなようにソースコードを修正していくだけです。

4-4 目玉がマウスポインタの方向を向く理由

両目の目玉が、マウスポインタがあるところへ向く理由をお話していきましょう。

「xeyes」は2つの眼があり、視線がマウスポインタの方向に動的に動くというプログラムです。

それぞれの眼は、縦長の楕円があり、眼球を表現しています。

人間の眼の場合、薄い茶色の部分が虹彩で、その中に瞳孔があります。瞳孔は黒い色をしていることから、「黒目」とも呼ばれます。

「xeyes」では、虹彩の描画は行なっておらず、眼球と黒目だけの表現になっています。

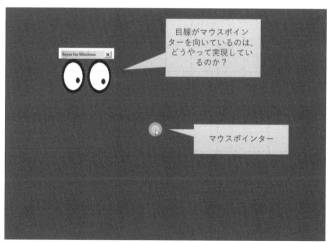

図4-4-1　2つの目線はなぜマウスポインタを向くことができるのか？

ここでは話をシンプルにするため、眼球は真円であるとします。「xeyes」の眼は縦長の楕円になっていますが、考え方としては同じです。

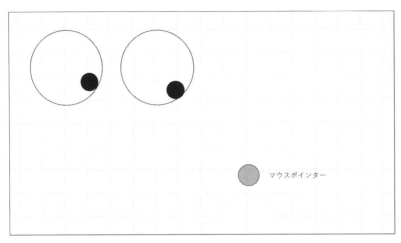

図4-4-2　眼球を真円としてモデル化してみる

この状態から円の中心からマウスポインタに対して、線を引いてみましょう。

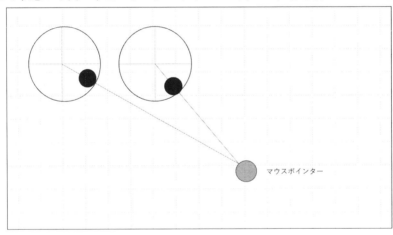

図4-4-3　円の中心から線を引いてみる

　この図を見ると分かるように、直線と円の外周がぶつかったところにちょうど黒目(瞳孔)があります。つまり、ちょうどぶつかる位置に、少し小さな円を描けばよいということです。マウスポインタが動くたびに、黒目も動かせば、目線で追っている感じが出せます。

三角形に注目する

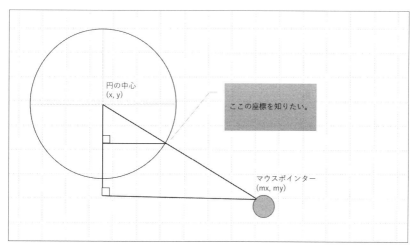

図4-4-4　円の中心からの直線が、外周とぶつかる位置を求めたい

　円の中心座標を(x, y)、マウスポインタの座標を(mx, my)として、それぞれ線で結んでみると、2つの三角形が見えてきます。

　なんとなく、計算で求めるイメージが浮かんできましたね。

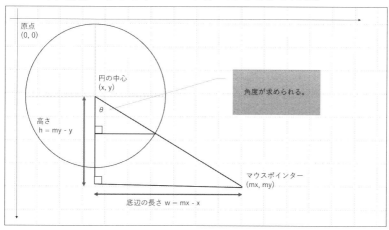

図4-4-5　三角形の角度を求める

　ここで三角形の角度を求めることを考えてみます。

＊

　外側にある大きな三角形を見ると、底辺の長さは「mx - x」、高さは「my - y」で求めることができます。

　私たちが学生時代に学んだ数学では、XY座標空間において原点(0, 0)は左下にありました。

　しかし、コンピュータ上でグラフィックスを描画する場合、ディスプレイ(モニタ)の左上を原点とした考え方をします。そのため、この図においても左上が原点となります。

　三角形の底辺と高さの角度が直角(90度)の場合、図に示した角度 θ を求めるには、三角関数を使います。

　三角関数は高校の数学で学ぶ概念ですが、「サイン(sin)」や「コサイン(cos)」などのことです。だんだん思い出してきましたか？

＊

　ところで、この原稿を書いているのは2023年3月中旬ですが、何年か前に「三角関数なんて要らない」という発言をした人がいて、一時期トレンドになっていました。

　2022年にも三角関数不要論でまたトレンドになっていたようなので、どうやら私たち日本人はこの手の話題が好きなようです。

　もっとも、三角関数不要論を唱えている人たちは、政治家や弁護士であって、エンジニアではないですからね。そりゃあ、学生時代に学んだことを仕事や生活の画面で使うことはないでしょう。

　そもそも、私は新卒からずっとエンジニアやっておりますが、三角関数を使う場面はほとんどないです。三角関数どころかガチの数学を開発で使ったことがないです。

　開発業務において、ビット演算はよく使いますが、数学というより論理学になるかと思います。

　画像処理や音声制御、指紋認証などの案件に関われば、数学の知識は必須になりますが、そうでなければ、案外数学を使う場面はないのです。

＊

　「xeyes」のようなアプリは、いわゆるジョークソフトに分類されるのかもしれませんが、こうしたアプリを作る上で「三角関数」という数学の知識が必要となってくるので、案外お勉強になるものなのです。

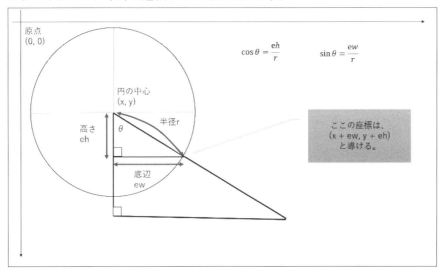

$$\cos\theta = \frac{eh}{r} \qquad \sin\theta = \frac{ew}{r}$$

図4-4-6　三角関数が必要な場面も多々ある

関連図書

Pythonの「マイクロ・フレームワーク」「Flask」入門
■清水美樹　■B5判112頁　■本体2200円

　「Django」や「Bottle」などのPython系の「Webフレームワーク」の中でも、「Flask(フラスク)」は「機能性」と「簡単さ」をバランスよく併せもったフレームワーク。本書は、「Flask」のセットアップの仕方といった基本的な説明から始めて、実際にWebアプリを作りながら解説。

プログラム言語の掟
■I/O編集部 編　■A5判・144頁　■本体2300円

　「C」「Java」「Python」など、「プログラミング言語」は数多く存在するが、それぞれの「特徴」や「適した目的」を覚えるのは大変。入門的な話から、「マルチパラダイム」や「マークダウン」など、記述における「カタチ」や「ルール」などの"掟"を解説。

Pythonista3入門
■大西　武　■A5判160頁　■本体2300円

　「Pythonista3」はパソコン上ではなくiPhoneやiPad上で動作する「Python」をプログラミングしたり実行したりできる有料の「IDE」統合開発環境)。、iPhoneでも触りやすいように、5～29行のシンプルなコードを中心に進める。

I/O BOOKS プログラマーの「考え方」を解説!

プログラミングの玉手箱

■大澤文孝　■A5判112頁　■本体2200円

　　ベテランプログラマーである筆者が、「プログラムをはじめたばかりの人」が悩みがちな、「ゲームを作る際に、対戦相手のCPUはどのように組むべきか?」「エラーが起きたときに、何から見るべきか?」などについて、自分の経験や実例を元に「プログラマーの考え方」を解説。

I/O BOOKS Pythonの基礎と応用(「ExcelのGUI操作の自動化」「Web処理」「画像処理」)

Python 教科書

■田中成典 監修　■B5判256頁　■本体2600円

　　「Python」は、研究機関でよく使われている言語で、業務の効率化にも活用されている。ブラックボックスの処理がライブラリ化され、それらを簡単に利用できる環境が整っていて、業務をサポートできるレベルのプログラムを素早く作ることが可能。本書は、Pythonのプログラミングの基礎的な知識を網羅。また、「ExcelのGUI操作の自動化」や「Web処理」「画像処理」などの応用事例も解説。

I/O BOOKS 仮想空間で鉄道模型を自動制御!

「鉄道模型シミュレーター NX」で学ぶPythonプログラミング

■角　卓　■A5判224頁　■本体2600円

　　「鉄道模型」をバーチャル空間で自由にレイアウトし、眺めたり、運転したりできるシミュレーションソフト、「鉄道模型シミュレーター NX」(VRM-NX)。プログラミング言語「Python」を使うことで、「列車の速度制御」や「ポイント切り替え」など、さまざまな操作が可能。「タイマー」や「センサー」を組み合わせることで、列車の「運転」や「機回し」など、高度な自動運転を実現。

アルファベット順

《A》

AIチャットサービス ······················· 145
AND ·· 68
ANSI C ·· 16,33

《B》

BASIC ··· 9
BSOD ·· 118

《C》

C/C++ ·· 142
C++ ·· 62
C11 ·· 16,34
C23 ··· 28
C89 ··· 16
C90 ··· 16
C99 ··· 16

ccache ······································ 59,62
char ··· 23
ChatGPT ····································· 145
clone ·· 140
co ··· 140
Compile ······································ 143
Compiler cache ····························· 59
Computer fan ····························· 120
Concurrent Versions System ········· 138

cos ··· 150
CUI ··· 10
CVS ·· 138
C言語 ·· 8
Cコンパイラ ·································· 10

《D》

DEB ··· 55
Debian系 ······································ 55
DOSモード ···································· 68

《E》

emacas ··· 12
Excel ·· 80,89

索 引

《F》

Facebook ··· 102
Fedora ··· 72

《G》

gcc ··· 17,18,62
git ·· 139
GitHub ·· 108
Google 先生 ·· 70
Grep ··· 113
GRUB ··· 73
Guest Additions ······························ 119
GUI ·· 10

《H》

hello,world ·· 18
HP-UX ·· 135
Hyper-V ······································ 72,118

《I》

IME ·· 128
include ··· 20
Input Method Editor ······················· 128
int ··· 24
ISO ファイル ·· 41
IT エンジニア ··· 88
IT 企業 ·· 88

《J》

JavaScript ·································· 136,142

《K》

K&R スタイル ·· 33

《L》

Linux ·· 62,118
Linux カーネル ······································· 74

《M》

MECE ··· 85
Microsoft Office ·································· 89
MinGW ··· 143
MS-DOS ··· 9
MSYS2 ··· 63

《N》

note ··· 92,103

《O》

Office365 ·· 89
Open Source Software ···················· 138
OpenSSH ···································· 37,135
Operation not permitted ················· 140
OS ··· 72
OSS ·· 59,138

《P》

PAM ··· 71
PC-98 ·· 8
Perl ·· 142
POD ·· 121
PowerPoint ··· 89
PowerShell ·································· 63,81
printf ·· 26
PRM ··· 55
Python ·· 142

《Q》

Qiita ··· 123
Quick C ·· 10

《R》

RCS ·· 138
Red Hat系 ··· 55
Revision Control System ················· 138
root権限 ·· 37
Rust ··· 142
RYO Linux ··· 55

《S》

Samba ·· 68
SEQUENCE ·· 80
Shift_JIS ··· 23
shot ··· 24
sin ··· 150
sl ·· 56
Software visibility ······························ 85
SourceForge ····································· 108
SSD サーバ ·· 37

SSH接続 ··· 37
StarServerFree ······································ 105
stdio.h ·· 20
subversion ··· 139
SVN ·· 139

《T》

Tera Term ··· 117
The C Programming Language ··········· 15
Twitter ·· 102

《U》

u-boot ·· 27
Ubuntu ··· 37,41,55
Unicode ··· 128
UNIX ··· 62,134
UNIXモード ·· 68
UNIXワークステーション ··············· 135
UTF-8 ······································· 23,124,128

《V》

VC++ ·· 18
vi ·· 12
Virtual Box ······························· 41,72,119
Visual C++ ··· 62
Visual Studio ······································· 145
Visual Studio Code ······························ 81
VM ··· 37
Vmware ·· 72
VSCode ··· 81

《W》

Webメディア ·· 122
Win32 API ·· 141
Windows Terminal ······························ 135
Windows10 ··· 118
Windows95 ··· 117
WindowsXP ··· 117
Windowsネットワーク ·························· 68
WinEyes ··· 136
Word ·· 89
Word97 ··· 117
Word98 ··· 117
WordPress ·· 105

《X》

X ··· 72
X Window System ····························· 13,72
SX11転送 ··· 135
xeyes ·· 134
xeyes for win ······································· 136
XML ·· 105
Xサーバ ··· 135

50音順

《あ》

青色申告特別控除 ·································· 89
アスキーコード ······································ 23
アセンブリ言語 ··· 9
アトリビュート指定 ································ 28

《い》

インクルードヘッダ ································ 20
印紙税 ··· 91
インストール ·· 112
印税 ··· 98
インターネットバンキング ················· 91
インタープリタ ································ 9, 142
インポート ·· 103

《え》

英語版Windows ··································· 131
エクスポート ·· 103

《お》

オープンソースソフトウェア ·············· 68
音声制御 ··· 151

《か》

カーネルスレッド ··································· 77
会計ソフト ·· 91
課税文書 ··· 91
仮想環境 ··· 118
画像処理 ··· 151
可変長引数 ··· 28
韓国語 ··· 124
韓国版IME ·· 130

索 引

《き》

キータ ……………………………… 123
機械語 ……………………………… 9,20
切り分け …………………………… 72

《く》

組み込み機器 ……………………… 28
ぐれっぷ …………………………… 114
クローン …………………………… 140

《け》

契約書 ……………………………… 89
月刊I/O …………………………… 93
言語機能のインストール ……… 130
検索パス …………………………… 47

《こ》

高級言語 …………………………… 9
構造化プログラミング ………… 9
コーディング …………………… 79,83
コサイン …………………………… 150
個人事業主 ………………………… 88
コマンドプロンプト …………… 63
コマンドライン ………………… 12
コンパイラ ……………………… 20,142
コンパイル ……………………… 10,143
コンフリクト …………………… 139

《さ》

サイン ……………………………… 150
サクラエディタ ………………… 108
三角関数 …………………………… 150

《し》

システムテスト ………………… 79
死のブルースクリーン ………… 118
シフトJIS ………………………… 128
指紋認証 …………………………… 151
詳細設計書 ………………………… 83
仕様書 ……………………………… 120
情報処理技術者試験 …………… 8
ジョークソフト ………………… 151
処理系 ……………………………… 142
シンボリックリンク …………… 52

《せ》

請求書 ……………………………… 89
静的ライブラリ ………………… 40,51
設計書 ……………………………… 120
セルフブランディング ………… 102,121

《そ》

ソースコード …………………… 20,60,83

《た》

ターミナルソフト ……………… 37
第三者テスト …………………… 79
ダウンロード …………………… 112
タグジャンプ …………………… 116
脱サラ ……………………………… 88
タブ ………………………………… 114
タブバー …………………………… 114
単体テスト ………………………… 79

《ち》

チェックアウト ………………… 140

《つ》

ツイート …………………………… 102

《て》

テキストエディタ ……………… 108
テキストコンソール …………… 73
デバイスファイル ……………… 76
デバッグ ………………………… 28,74
テラターム ……………………… 117
電子印鑑 …………………………… 89

《と》

動的実行ファイル ……………… 41
動的ライブラリ ………………… 40,47
ドキュメント …………………… 83
独立起業 …………………………… 88

《に》

日本産業調査会 ………………… 15

《の》

ノートパソコン ………………… 89

《は》

パーミッション ……………………68
バイナリ ……………………………60
バイナリファイル ……………… 143
バックジャンプ ………………… 116
パッケージ依存問題 ………………41

はてなブックマーク ……………… 123
はてブ ……………………………… 123
ハングル語 ………………………… 124
反切表 ……………………………… 127

《ひ》

ビット演算 ………………………… 150
秀丸エディタ ……………………… 110
表示言語 …………………………… 130
標準ヘッダファイル ………………21
ビルド ………………………19,62,143
ビルドエラー ………………………19

《ふ》

ファン ……………………………94
ブートローダー ………………27,73
フォロワー ………………………97
符号付き …………………………24
符号なし …………………………24

フリーランス ……………………88
プリプロセッサ命令 ……………20
プリンタ …………………………89
プリントオンデマンド ………… 121
ブログ …………………………… 122
プログラマー ………………79,83

《へ》

変数 ………………………………27

《ほ》

報告書 …………………………… 120

《ま》

マウスカーソル ………………… 134
マクロ ……………………………80
マルチプラットフォーム ………63

《み》

ミッシー ……………………………85

《め》

名刺 …………………………………89
メモ帳 ………………………………81

《も》

文字型 ………………………………23
文字コード ………………………… 128

《よ》

要件定義 ……………………………61

《ら》

ライブラリ …………………………50
ランレベル …………………………73

《り》

リポジトリ …………………… 60,140

《れ》

レジスタ ……………………………85

《わ》

ワークステーション ………………11

■著者略歴

平田　豊（ひらた・ゆたか）

▼1976年兵庫県生まれ。石川県在住。
▼神戸大学工学部情報知能工学科卒業後、上京して日本電気（株）に入社。▼ハードウェア事業部で20年勤務後に自己都合退職し、フリーランス（個人事業主）として独立起業。
▼執筆活動歴は25年以上で、著書は30冊。
▼屋号は「YOULAB」（ユウラボ）。事業内容は、「組み込みソフトウェア開発」「市販書籍執筆」。

［主な著書］

・ベテランプログラマーが伝授！現場で20年使える「C言語」入門，工学社
・Linuxデバイスドライバの開発，工学社
・Linux技術者のためのC言語入門，工学社
・私はどのようにしてLinuxカーネルを学んだか，まんがびと
・超例解Linuxカーネルプログラミング，C&R研究所
・Linuxデバイスドライバプログラミング，SBクリエイティブ
・C言語 逆引き大全 500の極意，秀和システム

…他、多数執筆。

［お知らせ］

［連絡先メールアドレス］　yutakakn@gmail.com
［著者ホームページ］　　https://hp.vector.co.jp/authors/VA013320/index.html
［アイコン作成］　　　　金沢区地蔵堂さん　http://4kure.zizodo.info/

本書の内容に関するご質問は、
①返信用の切手を同封した手紙
②往復はがき
③FAX（03）5269-6031
　（返信先のFAX番号を明記してください）
④E-mail　editors@kohgakusha.co.jp
のいずれかで、工学社編集部あてにお願いします。
なお、電話によるお問い合わせはご遠慮ください。

サポートページは下記にあります。

［工学社サイト］
http://www.kohgakusha.co.jp/

I/O BOOKS

C言語は第二の母国語 ～独学学生時代から企業内IT職人時代に培った、独立のための技術とノウハウ～

2023年4月25日　初版発行　©2023

著　者　　平田　豊
発行人　　星　正明
発行所　　株式会社工学社
〒160-0004 東京都新宿区四谷 4-28-20 2F
電話　　（03）5269-2041（代）［営業］
　　　　（03）5269-6041（代）［編集］
振替口座　00150-6-22510

※定価はカバーに表示してあります。

印刷：シナノ印刷（株）

ISBN978-4-7775-2247-7